KB203008

해마다 여름과 겨울이면 교회와 단체에서 수많은 캠프가 열립니다. 집중적인 교육의 기회로 삶의 변화를 이끌어내는 너무나 좋은 도구임은 분명합니다. 다만 많은 투자와 헌신에 비해 일회성 행사가 되거나 연합행사 위탁기관에 단순 참여하는 경향은 안타깝습니다.

이에 다음 세대뿐만 아니라 모든 공동체에 유익한 캠프를 만들어 가는 데 도움이 되는 책이 나온다는 것은 참 반가운 일입니다. 저 역시 30년 가까이 캠프 사역에 몸 담아왔지만 이렇게 캠프의 이론과 실제를 잘 정리한 책을 조금 더 일찍 만났더라면 하는 아쉬움이 듭니다.

'보물상자'에서 꾸준히 함께 캠프를 만들어가고 참여하며 이해한 경험을 바탕으로 박정엽 목사님이 캠프 지침서를 만들어 주셔서 감사합니다. 이 책을 기본 레시피로 각 교회와 사역자들이 자신만의 캠프를 만드는 데 아름답게 사용되길 기도합니다.

임윤택 목사 (사단법인 보물상자 대표)

이 책을 쓰신 박정엽 목사님과 저는 17년을 동역했던 전포교회 한종술 목사입니다. 17년이란 시간은 결코 적은 세월이 아닙니다. 그런데 그 많은 시간을 함께 했던 박 목사님에 대한 생각은 '한결같은 분'이라는 사실입니다. 2005년 당시에는 온라인 서점이 활성화되지 않았던 시절인데, 제가 교역자 회의 중에 지나가는 말로 "OOO 목사님 설교집이 품절되어 도저히 살 수가 없어 아쉽다"고 했습니다. 놀랍게도 다음날 아침 제 목양실 책상 위에 그 책이 놓여 있었습니다.

그날 박 목사님은 부산의 여섯 군데의 서점을 돌며 딱 한 권 남아 있던 그 책을 기어이 찾아내었고 간단한 메모와 함께 저를 격려해 주었습니다. "목사님이 채워져야 교회가 살아날 수 있습니다!" 그리고 박 목사님은 언제나 그렇게 한결같이 누군가의 필요를 눈여겨보며 채워 주는 축복의 통로로 사역했습니다. 이번에 저술하신 책에도 나와 있듯이, 박 목사님은 사역의 대부분을 캠프와 함께 했던 분입니다 최근에 박 목사님을 보면 요셉을 떠올리게 됩니다.

고난의 시간을 이겨내고 기근에 허덕이던 수많은 사람들에게 양식을 공급하고 살렸던 그 요셉! 박 목사님은 어려운 병을 진단받았지만 숱한 난관을 잘 이겨내셨고 그동안의 어린이 사역, 청소년 사역, 누가회 사역을 넘어 지금은 작은 교회를 위해 아낌없는 헌신을 하고 계십니다. 한국 교회가 코로나로 인해 영적 기근을 느끼며 힘들어 하지만, 박 목사님은 요셉과 같이 평생에 축적된 노하우와 생명의 양식으로 이 시대의 영적 기근을 끝내고 교회와 다음 세대를 살리는 일에 아름답게 쓰임 받고 있다고 확신합니다. 이 책 또한 그렇게 귀하게 사용될 것이기에 기쁨으로 추천하는 바입니다.

한종술 목사 (부산 전포교회 담임)

제가 사역하는 한국누가회(CMF)에는 이런 속담이 있답니다. "CMF는 수련회로 먹고 산다." CMF에는 학기 내내 매주 캠퍼스별로 여러 모임이 있습니다. 매주 드리는 예배, 기도 모임, QT 모임, 신입생을 대상으로 하는 꼬꼬마 모임 등, 지역과 캠퍼스별로 약간의 차이가 있을 뿐 정말 많은 모임이 있습니다. 그럼에도 "CMF는 수련회로 먹고 산다."라는 속담에 모두들 고개를 끄덕입니다. 그만큼 5박 6일간 전체로 모여 진행되는 수련회의 힘은 그 누구도 부정할 수 없을 만큼 큽니다.

저는 올해로 CMF 공동체에 들어온 지 30년이 된 사역자입니다. 의대 6년, 인턴 1년, 정신과 레지던트 4년, 그리고 간사로 19년을 지내오는 동안 정말 많은 수련회를 경험했습니다. 학생 시절 조원에서 시작하여 헬퍼와 조장을 거쳐 수련회 진행팀을 경험했습니다. 간사가 된 이후에는 수련회의 상담자로, 디렉터로, 주강사로 비전학교를 섬겼습니다.

그런 저에게 누군가 "캠프와 수련회는 무엇이며 어떤 내용으로 어떻게 진행되어야 하는가?"라고 묻는다면, 어떻게 대답할 수 있을까, 어디서부터 어떻게 설명해주어야 할까, 그런 생각을 가끔 해보곤 했습니다. 그러던 중 박정엽 목사님으로부터 추천사를 써 달라는 반가운 소식을 접하게 되었습니다.

박정엽 목사님과 저는 14년간 한국누가회에서 동역했습니다. 그래서 박정엽 목사님의 『감동적인 수련회로 업그레이드!』 출간 소식은 저에게 큰 기쁨으로 다가왔습니다.

그 누구보다도 '수련회와 캠프 사역에 진심'이셨던 박정엽 목사님의 원고는 쉽게 읽혔습니다. 이유는 간단했습니다. 지난 30년간 하나님의 은혜로 제가 CMF에서 알게 된, 그리하여 제 일부가 된 수련회에 대한 모든 것이 그대로 글로 표현되어 있었기 때문입니다. 이제는 누군가 "캠프와 수련회는 무엇이며 어떤 내용으로 어떻게 진행되어야 하는가?"라고 질문할 때, 저의 대답 대신 권할 수 있는 책을 만나게 되었습니다.

21세기에 새로 자라나는 세대에게 복음을 어떻게 전해야 할까, 어쩌면 우리는 라면(복음)을 끓여 '숟가락'만 주는 실수를 범하고 있는 것은 아닐까, 복음의 진리를 변함없이 효율적으로 다음 세대에게 전달하려면 어떻게 해야 할까, 이러한 고민은 지금 이 시대에 부름 받은 모든 사역자들의 고민일 것입니다. 박정엽 목사님의 책에는 그 '숟가락'을 '수저'(숟가락과 젓가락)로 바꾸는 방법이 친절하게 설명되어 있습니다. 같은 고민을 하는 분들에게 이 책을 기쁜 마음으로 추천합니다.

최관호 간사 (한국누가회 전임간사, 신학 전공 정신과 전문의)

엄마 뱃속에서부터 다닌 교회였지만 하나님을 인격적으로 만나 믿기 시작한 것은 대학교 1학년 한국누가회 전국수련회 때였습니다. '80년대 말 시설은 비록 좋지 않았지만 간사님들의 기도로 준비된 수련회에서 하나님의 임재를 처음 느꼈고 그 뒤에 매년 여름, 겨울 수련회(1년 내내 캠퍼스에서의 모임 시간보다 수련회 두 번의 시간이 더 많았음)를 통해 예수를 믿는 것의 기쁨과 봉사를 통해 한 영혼 한 영혼이 회복됨을 볼 수 있었습니다.

코로나로 한동안 할 수 없었던 수련회가 다시 시작되고 있습니다. 이런 와중에 수련회 진행의 고수가 말해 주는 노하우는 많은 목사님, 전도사님, 교사, 리더들에게 많은 도움이 될 것이라 생각됩니다.

수련회의 은혜는 하나님이 주시는 것이지만 3년 가뭄 속에 비를 내려주시길 위해 엘리야가 산꼭대기에서 일곱 번이나 간절히 기도한 것을 통해 비를 내려주셨듯이, 사랑으로 어떻게 섬길까 기도하며 준비한 사역자들을 통한 은혜가 있다는 것을 기억했으면 합니다.

어떻게 수련회를 준비할까 고심하는 분들에게 시원한 아이스 아메리카노와 같은 글을 준비해 주신 박정엽 목사님께 감사드립니다.

채수현 누가 (부경누가회 간사, 갑을장유병원 영상의학과 과장)

캠프(camp)라는 단어조차 생소했던 20대 청년시절 그렇게 처음 만난 캠프는 제 인생을 생각지 못한 길로 인도했습니다. 당시 캠프에 매료되었던 가장 큰 이유는 캠프를 함께 섬겼던 한 상담자의 멘트였습니다. "틀린 게 아니라 다른 거야!" 그때까지 주입식 교육에 익숙했던 저에게 캠프는 참으로 신선했고, 캠프 참가자에 대한 폭넓은 이해와 다양한 접근 방식을 경험하게 하였습니다.

이후에 10여 년 동안 크리스천캠핑(CCI) 사역단체 '보물상자'에서 스탭, 상담자, 전임간사로 헌신해 오다가 2011년에 교회(Local Church) 전임사역자로 사역을 전환하면서 교회 안에 있는 다음 세대를 세우는 사역을 시작했습니다. 그렇게 12년간 부산, 울산, 경남지역에 속한 노회와 교회에 다음 세대를 세우는 사역인 SCE(Student Christian Endeavour)을 감당하면서 끊임없이 던져지는 질문이 있었습니다. '지교회의 미래라 할 수 있는 청소년, 청년을 든든히 세우는 실질적인 대안은 무엇인가?' 이에 응답한 사역이 여름, 겨울 수련회 이후에 진행되는 개학부흥회, 수험생과 함께하는 예배 등이었습니다. 그런 와중에 오랜 동역자요 다음 세대 사역의 따뜻한 벗과 같은 박정엽 목사님의 신간 소식은 무더운 여름의 소낙비처럼 저의 마음을 위로해 주었습니다.

여전히 척박한 광야와 같은 사역 현장에서 소중한 한 영혼을 품고 울며 씨를 뿌리는 교회 현장 사역자들에게 이 책은 탁월한 캠프 지침서가 될 것이며, '이번 여름(또는 겨울)엔 뭘 할까?'라고 고민하는 분들에게 '알차고 감동적인 캠프'를 선물하는 종합선물세트가 될 것입니다.

이시형 목사 (부울경 SCE 연합회 총무)

저는 박정엽 소장님을 35년 전부터 알고 있습니다. 박 소장님은 신실하고 정직한 분입니다. 그는 다음 세대 사역자로 탁월한 능력을 소유하고 있으며, 알니온 선교회에서, 크리스천캠핑 보물상자에서, 한국누가회에서, 전포교회에서 지난 시간 성실하게 사역했었고 현재 작은 교회와 목회자 가정을 섬기는 일에 헌신하고 있습니다.

이 책은 기독교 서점에서 자주 볼 수 있는 설교집이나 신앙 에세이가 아니라 나름의 깊이를 가진 캠프(수련회)에 대한 전문 서적입니다. 무엇보다 캠프 기획의 원리를 자세하게 소개하고 있으며 캠프 프로그램 짜는 법, 실제 적용 가능한 프로그램, 캠프 리더가 어떤 마음으로 준비해야 하는지, 상담자 선발 및 상담자 양육하는 법 등에 대한 자세한 내용을 담았습니다. 캠프와 수련회를 통해 실제적으로 경험되는 내용과 원리들이 잘 정리되어 있어, 어느 것 하나 버릴 것 없이 알차고 귀한 깨달음을 줍니다.

박 소장님의 책이 교회 사역에서 다양한 캠프를 준비하며 청소년 상담을 고민하는 교회부서 사역자, 부장, 선생님들에게 실제적으로 큰 도움이 될 것을 확신하면서 이에 적극 추천합니다.

김일국 목사 (『Z세대 부모학교』 저자, 늘푸른전원교회 담임)

지난 1970년대와 80년대 이후 한국 교회의 급성장을 이끈 두 가지 운동이 있었습니다. 하나는 주로 성인들을 위한 신앙사경회(부흥회)였고 다른 하나는 교회학교 및 청년들을 대상으로 한 각종 수양회(여름캠프, 겨울캠프)였습니다.

교회 생활을 오래한 장년들에게 예수 그리스도의 복음과 교회에 헌신하게 한 주요한 계기가 무엇이었는가 물어보면 젊은 날 참석했던 부흥회와 수양회를 빼놓지 않습니다. 부흥회와 수양회 때 만난 예수 그리스도와 그 말씀이 오늘의 한국 그리스도인들의 믿음과 삶을 붙잡아주고 있는 것입니다. 이런 점에서 이번에 출판되는 박정엽 목사의 『감동적인 수련회로 업그레이드!』는 무척 의미 있는 작업입니다.

저자 자신의 말처럼 20대부터 50중반이 된 지금까지 평생을 각종 캠프(수련회)를 구상하고 기획하며 인도해 온 저자는 그간의 풍부한 경험을 토대로 이 책을 통해 성공적인 캠프(수련회)를 이끄는 원리와 구체적인 방법을 설득력 있게 제시합니다. 교회 학교와 청·장년부 및 노년부를 위한 모든 캠프(수련회)를 구상하는 이들이 읽고 큰 도움을 얻을 수 있는 책으로 적극 추천합니다.

박만 교수 (『인생의 질문 신앙의 답변』 저자, 부산장신대학교 신학과)

드디어 교회 수련회에 대한 균형 잡힌 지침서가 세상에 나왔습니다. 시중에 수련회(또는 캠프) 관련 책을 찾아보면 신기할 정도로 마땅한 책이 없습니다. 물론 교단별로 해마다 수련회 매뉴얼이 나오긴 하지만 모든 교회에 적용해서 사용하기에는 상당한 무리가 있습니다. 어떤 매뉴얼은 수련회 이론에만 치중하는 반면에 또 어떤 매뉴얼은 활동 프로그램 소개에만 치중하기도 합니다.

무엇보다 『감동적인 수련회로 업그레이드!』는 저자의 석사 논문을 기초로 하기 때문에 이론적 토대가 매우 탄탄합니다. 서문에서 저자가 밝혔듯이, 한국에서 출간된 현장캠프 이론을 모두 분석해서 정리하는 대단한 열정을 보여 줍니다. 그렇기 때문에 현장 수련회와 캠프 이론을 다루는 데 있어 저자의 안목을 뛰어넘는 건 당분간 힘들 것 같습니다. 저처럼 수련회 및 캠프 이론에 갈증을 느끼는 독자들은 이 점에서 큰 유익을 누릴 수 있습니다.

또한 이 책은 정말 다양한 방법론을 제공하는 실제적인 지침서입니다. 교회 규모가 크든지 작든지 어느 상황에서도 적용할 수 있는 프로그램을 다채롭게 소개하고 있습니다. 특히 인원이 많지 않은 교육부서의 수련회(캠프) 방법론에 있어 저자의 세밀한 제안은 정말 큰 유익을 선사합니다. 예전에 제가 교육부서를 담당할 때 이 책을 알았더라면 시행착오를 훨씬 줄였을 것 같습니다.

아무쪼록 『감동적인 수련회로 업그레이드!』를 통해 많은 교회들이 실제적인 유익을 누릴 수 있기를 바랍니다. 특히 다음 세대를 섬기는 모든 사역자들에게 기쁜 마음으로 이 책을 추천합니다.

권율 목사 (부산 세계로병원 원목, 『연애 신학』 저자)

감동적인 수련회로 업그레이드!

(교회 사역자를 위한 맞춤형 캠프 컨설팅)

교회교육 시리즈 7

감동적인 수련회로 업그레이드!

교회 사역자를 위한 맞춤형 캠프컨설팅

박정엽 지음

드림북

서문

대학에 입학하고 첫 여름방학에 여덟 번의 캠프와 수련회에 참석했다. 주일 빼고 거의 두 달을 밖에 나가 있었다. 그것이 의도하지 않은 나의 캠프(수련회)인생의 시작일 줄은 꿈에도 몰랐다. 그리고 20대에 알니온 어린이선교회(부산·경남 농어촌 교회개척사역), 30대에 크리스천 캠핑 보물상자(지역의 어린이와 청소년과 목회자 자녀들을 위한 캠프사역), 40대에 한국누가회(예비의료인-의대, 치대, 한의대, 간호대와 의료인을 섬기는 대학청년사역 14년), 여러 지역 교회와 부산 전포교회(17년)에서 사역하면서 무수한 캠프와 수련회에 참가하고 상담하고 설교하고 기획하고 진행했다. 내 인생에서 캠프와 수련회를 빼고 과연 이야기할 수 있을까?

고신대 대학원(Th.M.)에서 현유광 교수님의 지도 하에 '참여자 중심의 교회 청소년 캠프에 대한 통합적 연구'라는 제목으로 신학석사 논문을 작성했다. 한국에서 출간된 모든 현장캠프 이론을 나름 총정리했던 논문이다. 때가 되면 책으로 출간하면 좋겠다고 교수님이 늘 말씀하셨다. 그리고 적지 않은 시간이 훌쩍 지났다. 한국 교회가 코로나 팬데믹을 끝내고 서서히 캠프와 수련회를 통한 야외교육활동의 기지개를 켜는 시점이다. 교회 캠프와 수련회가 알차고 감동적으로 기획 · 운영되기 위해 꼭 다루어야 하는 실제적인 방법론과 관점(철학)들을 정리하여 이 책에 담았다. 부디 이 책이 교회 사역자들에게 도움과 혜안이 되기를 소망한다.

현재 본인은 에클레시아 지원연구소 대표(소장)로서 농어촌과 도시의 작은 교회를 순회하며 섬기는 중이다. 지금도 여전히 목회자자녀캠프(상담, 진로), 목회자자녀비전트립, 목회자가정위로여행 등을 섬기며 그 길을 걸어가고 있다.

마지막으로, 책을 출간하면서 감사의 말씀을 전할 분들을 소개한다. 먼저 캠프가 무엇인지를 눈뜨게 해 주시고 지금도 한결같이 청소년을 섬기며 한 길을 가시는 보물상자 임윤택 목사님, 성도를 향한 열정과 사랑을 담은 설교가 무엇인지를 가르쳐주신 영적 멘토이신 전포교회 한종술 목사님, 부족한 자를 지켜봐 주시고 늘 응원해 주셨던 최고의 상담자이신 한국누가회 최관호 간사님, 말씀과 행함(삶)이 어떻게 일치하며 살아야 하는지 보여주신 영원한 동역자이신 부경누가회 채수현 간사님께 감사를 드린다.

지금도 캠프 현장에서 청소년·청년들과 호흡하며 가슴 뜨겁게 사역하시는 부울경SCE 총무 이시형 목사님, 알니온 어린이선교회에서 귀한 사역을 감당하셨고 다음 세대를 위한 교육과 출판에 여념이 없으신 내 친구 김일국 목사님, 탁월한 지성으로 학생들을 가르치시며 신자의 인생에 고난의 의미를 깊이 있게 풀어주시는 부산장신대 박만 교수님께 감사의 말씀을 올린다.

그리고 현재 에클레시아 지원연구소가 있도록 본을 보여 주시고 책 출간의 모든 과정을 지도해 주신 세계로병원 원목 권율 목사님, 원고를 꼼꼼히 살펴보고 감수해 주신 영적 스승이신 전 이사벨고 교장 정윤득 장로님께 감사를 드리고, 누구보다 일평생 부족한 자의 곁에서 함께하며 힘과 용기가 되어준 사랑하는 아내 이혜영과 아들 준서에게 깊은 고마움과 감사를 고개 숙여 전한다.

2023년 12월

저자 박정엽

차 례

제 4 장 삶으로 보여 주는 설교, 섬기는 리더십

제 5 장 우리 손에 주어진 하나님의 선물, 캠프(수련회)

제1장

왜 캠프이어야 하는가?

캠프에서 울고 있는 여자 중학생

20년이 넘게 지났지만 지금도 잊지 못한다. 보물상자 교회연합캠프(양산 근교의 수련원)때였다. 작은 교회에서 참가한 청소년들이 200명가량 되었고 강사로 이○○ 목사님을 모시고 캠프를 열었다. 정말 많은 캠프(수련회)를 참석했지만 그렇게 매번의 집회마다 눈물 콧물 다 빠지는 캠프(수련회)는 처음이었다. 주께서 한량없는 은혜와 감동을 부어 주시는 시간이었다. 마지막 저녁집회에도 어김없이 주께서 큰 은혜를 부어 주셨다. 그런데 중학교 2학년 정도 되어 보이는 여자 아이가 저녁집회를 마쳤는데도 돌아가지 않고 강당에서 혼자 울고 있는 것이었다.

그때 그 캠프(수련회)에서는 우연찮게 조를 맡은 상담자들이 모두 남자 분들이셨다. 한 번도 그런 적이 없었는데 여자 상담자 없이 캠프(수련회)를 진행하게 되었다. 상담에는 기본 원칙이 있다. 여자가 울면 여자 상담자가 가서 상담을 해야 하는데, 저렇게 울고 있는 여자 아이에게 남자 상담자가 다가가기에는 좀 어려운 상황이었다. 남자 상담자들이 모여서 어떻게 해야 하나 고민하는 차에 마침 이전 캠프(수련회)에 상담자를 하신 김○○ 전도사님이 방문하신 것이었다. 얼마나 반가웠던지 바로 전도사님에게 저 울고 있는 아이에게 가서 이야기를 들어주고 상담해 줄 것을 부탁했다.

전도사님이 상담하신 내용은 이러했다. 왜 그렇게 울고 있느냐고 물었을 때, 그 아이는 캠프 오기 전에 부모님이 이혼을 하셨다고 말했다. 그런데 아빠도 엄마도 자기를 데려가겠다고 말하지 않은 너무나 서글픈 상황 가운데 캠프(수련회)에서 정말 하나님의 은혜가 깊이 있게 다가와서 너무나 좋았는데, 막상 캠프(수련회)를 마치고 집으로 돌아가야 즈음에 아빠 집으로도, 엄마 집으로도 어디로도 갈 수 없는 상황을 생각하니 너무나 슬프고 고통스러워서 눈물이 멈추지 않았다는 것이다. 전도사님은 부모님이 이혼하지도 않으셨고 원만한 가정에서 생활했기 때문에 뭐라고 아이에게 이야기를 해 주어야 할지 난감했다.

그런데 그 전도사님이 그날 아침에 QT(성경묵상)를 하고 오셨는데 그 내용이 마침, 시편 27편 10절, "내 부모는 나를 버렸으나 여호와는 나를 영접하시리이다"라는 말씀이었다.

전도사님은 그 본문으로 아이에게 말했다. 세상의 부모라 해도 여전히 죄인이고 연약해서 자기의 자녀도 때로는 돌아보지 못하고 책임지지 못하는 경우가 있다. 그러나 하나님은 우리의 부모가 되셔서 세상의 연약한 부모와 달리 어떠한 상황과 형편에서도 자신의 자녀 된 택한 백성을 결코 버리지 않는다고, 하나님이 너를 책임지시고 인도하신다고 하며 그 말씀을 들려주었다. 그러자 아이가 눈물을 뚝 그치는 것이었다. 그리고 다음날 어디로 갈지도 모르는 상황 가운데 환한 미소로 수련장을 떠나는 그 아이를 지금도 잊을 수가 없다.

대부분의 교회 사역자들은 강사와 프로그램이 수련회를 결정 짓는다고 생각한다. 그러나 그때 교회연합캠프의 중학생 친구에게는 그 전도사님(상담자)이 가장 중요한 은혜의 통로였고 맞춤형 특별 강사였다. 잘 준비되고 말씀으로 충만한 상담자는 강사의 말씀과 프로그램의 내용을 받아 마지막을 아름답게 장식하는 캠프(수련회)의 실제적 결론인 것이다.

만약 울고 있는 그 아이를 상담해 주셨던 전도사님이 없었다면, 그 아이에게는 반쪽짜리 캠프(수련회)가 되지 않았을까? 이 부분에서 우리는 캠프와 수련회에 대한 고정관념을 깨야 할 필요가 있는 것이다.

강사 선정과 프로그램 선정에는 목을 매지만(그것조차 짜집기와 주먹구구식일 때가 많다), 정작 아이들에게 더 구체적이고 섬세하게 다가가 마음과 영혼을 만지고 변화시키는 중요한 역할을 감당하는 상담자를 선정하고 훈련하는 데 교회 사역자들이 얼마나 애쓰고 있는가에 대해 자신 있게 대답할 분들은 많지 않을 것이다. 상담자는 있어도 되고 없어도 되는 관리형 교사가 아니라 캠프(수련회)에서 반드시 자리 잡아야 하는 실제적이고 핵심적인 존재이다.

교회 캠프(수련회)의 영향력과 한계

미국에서 전체 그리스도인 중 4분의 1이 크리스천 캠프에서 회심했고, 어느 한 교단의 선교사 가운데 1/3이 캠프 중에 선교사로 헌신했다고 한다.[1] 매년 30여 만 명의 젊은이들이 캠프(christian camp)와 수련회(retreat)에서 주님을 영접하고 있다. 그래서 미국에서는 무디(D. L. Moody)로부터 시작하여 빌리 그레이엄(Billy Graham) 목사로 이어져 온 복음주의 운동의 흐름이 기독캠핑운동으로 바뀌고 있다고 주장하는 학자들도 적지 않다. 이른바 캠프와 수련회의 시대가 도래한 것이다.

이처럼 방학을 중심으로 이루어지고 있는 캠프와 수련회는 한국 교회교육에서도 청소년들의 신앙에 많은 영향을 끼쳐 왔다. 주중 교

---

1 노만 라이트 외, 『캠프가 상담을 만나』, 최광수 역 (서울: 조이선교회, 1999), 18.

육 못지않게 여름과 겨울로 실시되는 캠프와 수련회가 영향력을 행사하는 이유는, 단기간이지만 야외라는 열려진 환경 가운데서 많은 예산과 집중된 시간, 인력을 투자하는 일관성 있는 교육이 가능하기 때문이다. 따라서 교회교육에 있어 캠프와 수련회는 연간 교육 프로그램에서 가장 커다란 비중(예산, 시간, 인원)을 차지한다. 캠프(수련회)를 가게 되면 주일날 한두 시간의 제한적 교육시간을 넘어 하루 종일 접촉하고, 친밀한 생활, 자연환경 등과 더불어 기존의 신자 또는 비신자 어린이, 청소년, 청년들과 상담하고 그들을 결신시킬 수 있는 너무나 좋은 기회가 제공된다.

그러나 많은 교회들이 캠프(수련회)를 실시하고 많은 관심을 가짐에도 불구하고, 그것에 대한 깊은 연구와 신앙적 고찰 없이 그저 단순하게 교회가 연례적으로 실시하는 특별 프로그램의 하나로만 캠프(수련회)를 인식하고 있다.[2] 이러한 상황에서 많은 지도자들이 밖으로 나가면 약 50%의 교육적인 효과를 달성한다는 생각 때문에, 나머지 50%에 대한 프로그램을 준비하는 일에는 상당히 게을리 한다. 왜냐하면 야외로 나가면 무조건 학생들에게 유익이 주어지는 것처럼 생각하기 때문이다. 또한 학생들이 찾는 오늘의 영적 필요와 기호의 흐름이 무엇인지 파악하여 그것을 프로그램에 반영하려는 노력이 부족하고, 답습적인 진행과 배터리 충전식 프로그램에 의존하려는 부정적인 상황도 나타나고 있다.

교회 청소년 교육에서 효과적 도구인 캠프와 수련회가 이러한 문제점을 야기하게 된 이유에 대해서, 송길원 목사는 "목적의 불분명(동기의 부족), 운영의 부조화(방법의 미숙), 내용의 빈곤성(내용의 무지)에 기인한

---

2 신재성, 『성경적인 캠프란 무엇인가』 (서울: 한국어린이전도협회, 1992), 14.

다"[3]고 했으며, 전국재 목사는 조직캠프의 관점에서 구체적인 원인을 다음과 같이 지적한다. "교회캠프의 문제점은 소집단 활동을 무시한 대형화된 캠프, 참가자들의 능동적인 참여를 무시한 주최자 중심의 일방적인 주입식 교육, 참가자들의 참여를 촉구하는 활동 중심의 분산형 프로그램의 부재, 자연과 격리된 수용 중심의 시설, 촉진적 지도력의 부재 등 이러한 부정적 요인들이 총체적인 난국상황을 야기했다"[4]고 한다.

좀 더 구체적으로 한국 교회 교회교육으로서 캠프와 수련회의 문제점을 지적한다면 다음과 같다.

① 청소년의 발달과 흥미에 관심을 놓쳐버린 캠프(수련회)

교회학교 캠프(수련회)의 프로그램이 여전히 영적인 면에 치우쳐 있고 강의 일색이거나 그들의 감정을 짜내려고만 시도하다가 청소년들의 발달 특징과 흥미를 비중 있게 고려하지 못하고 있다.

② 시대는 흘러도 변하지 않는 캠프(수련회)

매년 강사만 바뀌는 고정적인 형태의 캠프(수련회)에 대해 매력을 느끼는 청소년들은 점점 줄어들고 있다.

③ 대규모 집단 수용형태

소형 교회들의 중고등부 부서 인원이 점점 줄어들고 자체적으로 캠프(수련회)를 진행할 수 없는 상황에서 교회 지도자들이 선택하는 대

---

3 송길원 외, 『교사핸드북』 (서울: 대한예수교장로회 총회교육위원회, 1986), 270.

4 전국재, "이제는 캠프 시대다", 『교회와 신학』 봄호 (장로회신학대학, 2005), 117.

안이 대규모 연합수련회(1,000명 이상)에 참석하는 것이다. 그러나 대형으로 운영되는 각종 선교단체들은 여러 가지 이유(재정적 이유와 캠프철학의 부재)에서 많은 인원을 모집하고 진행하게 된다.[5] 그래서 개인은 없어지고 집단만 남게 된다는 약점이 노출된다.

④ 소집단 활동과 자연환경의 배제

자연(야외)에 나가서도 오로지 강당과 실내에만 머물러 있다면, '굳이 그 재정과 시간과 인원을 투자하면서 왜 밖으로 나가야 하는 것일까?'라는 심각한 고민을 할 필요가 있다.

⑤ 주최자 중심의 일방적이고 단편적인 운영

교회캠프의 현장에서 영적인 면이 유독 강조되는데 소위 "깨지게 한다"는 생각으로 오랜 시간의 집회를 통해서 거의 강제적으로 구워삶는 집회를 강요하는 교회들이 있다. 그로 인해 학생들은 수련회나 캠프를 다녀와서 "다음에는 죽어도 안 간다"는 말을 할 정도로 무리함을 보이는 경우가 있다. 이러한 문제로 인해서 교회캠프(수련회)가 편협하고 폐쇄적이고 배타적이라는 지탄을 받게 되는 이유가 바로 여기에 있다. 캠프(수련회)에서 복음을 전한 후 즉시로 학생들이 변화된 모습이나 고백을 기대하는 경우가 있다. 그러나 복음은 사람의 마음과 삶의 스타일을 전적으로 바꿀 것을 요구하기 때문에, 이런 과정은 장기적인 시간을 필요로 하게 되며 학생들은 이 도전 앞에서 심각한 고민이나 갈등을 겪게 된다. 그래서 수련회 기간 동안 무슨 결과

---

5 캠프에 참가하는 인원의 규모가 어느 정도 되어야 신앙 교육적으로 적절한가에 대해서 캠프 전문가들은 공통적으로 캠퍼의 수가 100명을 넘어서는 안 된다고 본다.

를 보려고 인간적으로 급하게 서두르는 것은 성령의 사역을 가로막을 수도 있는 것이다.

영향력 있는 캠프(수련회)가 가지는 3요소

우리 교회 사역자들은 캠프(수련회)를 왜 하는가?

작년에 했으니까?

교회에서 하라고 하니깐?

오랜 전통이니까?

일 년에 한두 번은 밖에 나가야 학생들이 좋아하니까?

이런 식으로 생각하고 행사를 진행한다면 분명한 한계를 가진 캠프와 수련회가 될 수밖에 없다. 왜냐하면 왜 하는지에 대한 철학이 빈곤하게 되면 그것은 목적 없는 캠프(수련회)로 귀결되며, 나아가 주제와 아무 상관없는 강사와 프로그램이 배치되어 참가자들에게 혼란만 야기하게 될 것이다.

캠프와 수련회의 근본적인 목적은 그곳에 참가하는 학생들을 하나님의 자녀로 구원하고 변화시키고 성숙케 하는 것이다. 이를 위해 반드시 3가지 요소가 잘 준비되어 있어야 한다.

① **구조화된 프로그램**(강사, 단위별 모임)

프로그램의 목적 및 목표가 분명하고, 이를 달성하기 위한 내용 및 경험이 적절하게 선정 · 조직되어 있으며, 지도 방법과 절차, 매체 등이 합리적으로 계획되어 있고, 평가 전략과 피드백 과정까지도 명확하게 제시되어 있는 것을 말한다. 간단히 말해, 전문적이고 체계적인 프로그램[6]이라고 할 수 있다.

② 적절한 지도력(리더십)

참가자들을 섬기고자 하는 열망과 사랑을 가진 지도 부서의 사역자가 있어야 한다.

③ 잘 훈련된 상담자

참가자들과 인격적인 신뢰관계를 가지고 상담으로 참가자들의 내면 깊은 곳까지 다가설 수 있는 사람(교사)이어야 한다.

이 모두가 한 주제 아래에서 통합되고 연결되어 물 흐르듯이 흘러야(기승전결), 참가자들에게 깨달음과 영향을 주는 알차고 감동적인 캠프와 수련회가 되는 것이다.

다시 말해, 외부적으로 보이는 프로그램과 지도력은 감추어진 상담자와 학생들의 구체적인 만남과 상담으로 이어지도록 하는 근본적인 목적을 위한 배경 역할을 하는데, 적어도 이 사실에 동의한다면 교회 사역자로서 수준 있는 캠프와 수련회를 만들어 갈 수 있는 기본적인 관점(철학)과 방향성을 가진 것이다.

---

6 김진화, "청소년 프로그램 개발의 이해", 한국청소년개발원 편, 22.

캠프와 수련회의 특성 비교

교회에서 계획하고 진행하는 캠프나 수련회를 엄밀하게 구분할 수 있을까? 캠프와 수련회의 비교에 있어 대부분 명확한 구분이 어려우며 강조점의 차이라고 말한다. 그래서 캠프와 수련회는 같은 의미로 사용되는 경우가 많지만 실제로는 원리가 전혀 다르다. 다시 말해 형태상의 차이가 아니라 내용상의 차이가 있고 원리에 따른 기획과 운영방식 또한 차이가 있는 것이다.

캠프(Camp) : 분산형

분산식 캠프는 집중식 수련회와 그 강조점이 다를 뿐 형태가 명확하게 구분되는 것은 아니다. 일반 사설 캠프, 보이 스카우트, 그리고 대부분의 YMCA캠프에서는 분산식 캠프를 채택하고 있으며 기독교 캠프들도 점차 이 방식을 채택하고 있다.[7] 또한 융통성이 있기 때문에 다양한 체험을 가질 수 있으며 소그룹 활동이 중심이 되어 소규모로 활동하는 것이 많다. 이 속에서 주어지는 교육의 과정도 자연스런 생활 속에서 심어주는 형태를 갖는다. 분산식 캠프는 강사보다는 '캠프 상담자'의 영향력에 중점을 둔다. 그리고 개인 상담을 통하여 많은 영향력을 주기도 한다.

장점

분산형 캠프의 장점은 상담자 중심으로 운영되고 자연을 충분히 활용하는 것이며, 집단 활동에서 이루어지는 모든 활동과 의사결정

---

7 전국재, 『캠핑의 이론과 실제』 (서울: 도서출판 엠마오, 1988), 35.

은 구성원의 욕구와 흥미에 기초하여 이루어진다는 점이며 참가자들은 프로그램을 선택할 수 있다. 자신이 원하는 프로그램을 스스로 계획하고 선택할 수 있으므로 융통성이 있고 다양한 경험을 갖게 된다. 지도자가 참가자들과 어울리는 시간이 많기 때문에 신뢰를 받으면서 수월하게 지도할 수 있다.

지도자가 소수의 참가자들을 지도함으로써 그룹 지도를 효과적으로 책임감 있게 할 수 있다. 참가자 중심의 집단 활동에서는 참가자들의 자발적인 참여가 보장되므로 참가자 개개인의 재능과 창의성을 충분히 발휘할 수 있는 장점이 있다.

단점

단점은 주제가 상실되고, 오락화되는 경향이 있다. 또한 모든 캐빈(조모임)에 유능하고 성실한 지도자를 배치할 수 없다. 그러므로 훌륭한 지도자가 부족할 경우 참가자들에게 악영향을 미칠 수 있다. 시설이 미흡한 경우에는 소그룹 활동이나 모험 활동에서 문제가 발생하기 쉽다. 교회 안에서 행해지는 캠프는 아무리 분산형이 된다고 하더라도 오락화되는 경향을 극복하는 건 쉽지 않을 것이다. 특별히 보수적인 교회에서는 이 부분이 용납되기 쉽지 않은데, 도리어 너무 편향된 보수성과 영성 중심에서 오는 경직화가 더 큰 문제로 지적된다.

수련회(Conference) : 집중형

집중형 수련회는 전체 진행순서가 빠르게 진행된다. 어떤 가르침이나 정신을 심어주는 방법에 있어 집중식 수련회는 강사에게 많이 의존한다. 전체적인 모임을 강조하고 소그룹 활동이 거의 없고 주로 집회식 또는 강의식으로 진행되며, 취침시간과 휴식시간을 제외하고는 캐빈 지도자(조를 담당하는 선생님)들과 개별적으로 교제할 수 있는 시간이 한정되어 있다.

장점

캠프 리더십의 개인 역량이 절대적인 영향을 미친다. 집중형 수련회는 설교와 성경공부에 집중한다. "모든 성경은 하나님의 감동으로 된 것으로 교훈과 책망과 바르게 함과 의로 교육하기에 유익하니, 이는 하나님의 사람으로 온전하게 하며 모든 선한 일을 행할 능력을 갖추게 하려 함이라"(딤후 3:16-17). 설교와 성경을 공부하는 것은 교회 캠프뿐 아니라 교회 교육과정의 핵심이라고 할 수 있다. 참가자들이 따분해하지만 여전히 말씀은 캠프의 중요한 부분이다.

단점

참가자들은 캠프 환경이 주는 무한한 가능성을 제한 받는다. 또한 참가자와 지도자가 개별적으로 교제할 수 있는 시간이 한정되어 있다. 대규모 집회가 강조되므로 개인적인 기술 습득과 경험의 기회가 적다. 주최측 중심의 집단 활동은 지도자가 주체가 되어 활동의 기획에서부터 정리 • 평가하는 전 과정을 책임지는 형태이므로, 여기서는 참가자의 자발적인 참여가 극도로 제한받게 되고 활동과정에서 참가자의 의사가 반영되는 것을 기대하기 어렵다.

주최측 중심의 집단 활동은 참가자의 흥미와 욕구를 존중하기보다는 주최측이 일방적으로 결정한 교육목표와 내용을 참가자들에게 주입시키려는 데에 목적을 두고 있기 때문에 구조상 참가자의 의사가 무시되기 쉽다.

〈표1〉 캠프와 수련회의 특성 비교[8]

캠프(Camp)	수련회(Conference)
여유 있는 진행	빠른 진행
단순하고 느슨한 생활	의식을 고취시키기 위해 고안됨
덜 통제된 환경	통제된 환경
소그룹 활동	대규모 집단 활동
상담자 중심	강단 중심
명강사 아님	명강사
잘 훈련된 상담자	주로 규율을 잡아주는 상담자
단순한 야외활동	종종 정교한 시설물들
자연의 강조	단지 부수적인 것으로서의 자연
신앙의 개인적인 성숙 강조	대중적인 신앙 확산
비공식적 집회	공식적 집회
개인적 상담	집단적 지도
개인의 헌신을 강조하는 개인적인 예배	예배에 대한 대중적인 접근
개인적인 성숙	리더십 훈련
비형식적인 프로그램: 상황에 따른 적절한 프로그램 진행	형식적인 프로그램: 시간표에 정해진 프로그램 진행
모든 사람의 참여	다수를 위한 감독자의 지위

캠프? 수련회? 캠퍼런스!

한국 교회는 초창기 사경회, 부흥회의 오랜 전통으로 시작했다가

8 최광수, 『캠프학 개론』 (서울: 청소년교육복지센타, 2004), 16.

교육부서들이 수련회(수양회)로 자연과 야외로 나가게 되고 집회 모임을 넘어 야외집단 활동 프로그램(코스놀이, 천로역정 등)을 추가함으로, 캠프와 수련회의 특성이 어우러지는 경향으로 나타났다. 참가자들에게 수련회 방식으로만 운영하는 것보다 자연(야외) 가운데 훨씬 열려진 개념이 적용됨으로 좀 더 적극적인 참여를 이끌어 낼 수가 있었다. 그래서 캠프의 특성이 수련회보다 다음 세대에게 다가가기에 더 많은 장점을 가지고 있는 것이다.

하지만 그러함에도 기존의 수련회가 가지고 있는 말씀 중심의 장점을 완전히 배제할 이유는 없다. 여전히 예배와 말씀은 청소년들을 변화시키는 중요한 복음주의적 신앙교육의 도구이다. 따라서 분산형 프로그램(캠프)과 집중형 프로그램(수련회)의 장점을 효과적으로 접목, 보충하여 참가자를 위해 적합한 프로그램을 개발하는 것이 교회 사역자에게 주어진 과제일 것이다.

'캠프'와 '수련회'라는 용어가 혼용되기에는 각각이 가지고 있는 특성과 내용이 분명하지만, 한국 교회는 어느 순간 자연스럽게 혼용하여 사용하고 있다. 그래서 캠프와 수련회의 각각의 장점을 결합한다는 측면에서 캠퍼런스(camference)라는 신용어를 써 보는 것도 좋을 듯하다.

나눔과 적용을 위한 질문

1. 본인이 지금까지 사역하며 가장 영향을 받았거나 인상 깊었던 캠프(수련회)가 있다면?

2. 영향력 있는 캠프(수련회)가 되기 위해 꼭 갖추어야 할 3요소는 무엇인가?

3. 본인이 기획하고 진행하는 캠프에서 상담자가 있는가? 그 선생님이 상담의 역할을 잘 감당한 사례가 있는가?

4. 본인이 기획하고 진행하는 캠프(수련회)는 캠프 지향적인가? 수련회 지향적인가? 아니면 둘을 합친 '캠퍼런스'인가? 또한 그렇게 운영함으로 참가자가 얻는 유익은 무엇인가?

제 2 장

주제와 흐름이 있는 프로그램 만들기

기대와 감동이 없는 캠프(수련회)가 되는 이유

새로 부임한 교회 사역자에게 여름, 겨울 캠프(수련회) 일정표를 짜보라고 하면 작은 교회, 큰 교회 상관없이 일정표가 거의 틀에 박힌 것처럼 비슷하게 나온다. 왜냐하면 학생 때, 청년 때 그 틀에 박힌 캠프(수련회)를 늘 경험했기 때문에 아무리 새롭고 특별한 수련회 일정표를 짜고 싶어도 본인들이 보고 들은 경험을 넘어 서기가 쉽지 않기 때문이다.

그리고 모든 교회의 캠프와 수련회의 일정표가 대동소이한 것은 대부분 야외에 나가더라도 설교자 중심, 집회 중심, 강의 중심으로 운영되기 때문이다. 자연을 활용하거나 자연을 프로그램에 접목하는 경우도 잘 없고 야외에서 자연을 이용한다고 하는 것도 고작 물놀이, 캠프파이어 정도라고 볼 수 있다.

한 번씩 수련회 일정표를 짜고 점검을 부탁하는 사역자가 있는데 그런 분은 상당히 수준이 있는 분이다. 자기가 할 수 없으면 전문가에게 의뢰하고 점검받고 조정한다면 더 알차고 수준 있는 캠프(수련회)의 일정표를 만들 수 있지 않겠는가? 이렇게 책을 쓴 이유도 일일이 캠프와 수련회에 대해 개별 컨설팅하는 것보다 책을 통해 교회 사역자들이 캠프를 기획하고 운영하는 데 직접적이고 실제적인 아이디어와 도움을 주기 위해서이다.

모든 교회의 일정표가 천편일률적으로 비슷한 중요한 이유는 갈

수록 캠프(수련회) 기간이 짧아지기 때문이다.[1] 일주일씩 캠프(수련회)를 하는 교회가 있는가? 거의 없다. 길어야 3박 4일이고 보통은 2박 3일, 짧으면 1박 2일을 하는 경우도 허다하다. 그런데 문제는 그렇게 짧은 일정을 잡아놓고도 명칭은 '캠프'라고 한다.

참고로, 미국캠핑협의회(ACA)와 YMCA 캠프 기간은 일반적으로 2주일이며 1주일(6박 7일)이 가장 짧다. 기간만 놓고 본다면 한국 교회는 사실상 수련회라고 봐야 한다. 그럼에도 캠프라고 하는 것은 아이들과 청소년, 청년들에게 신선하게라도 들리게 하고 싶기 때문은 아닐까? 특히 주일학교 사역에서 숙박 없이 교회에서 낮에만 모이는데도 한국 교회는 캠프라고 하니, 이제는 수련회보다 캠프가 대중적인 명칭이 된 지 오래되었지만, 캠프의 역사를 알면 우리는 얼마나 이 용어를 오해하고 전혀 다르게 사용하는지 알게 된다.

2박 3일은 가는 날과 오는 날과 수면시간을 빼면 사실상 하루 정도가 수련회의 목적을 달성할 수 있도록 주어지는 짧은 기간이다. 그러니 여유를 가지고 야외에 나갈 시간도 없고, 오로지 저녁은 설교와 집회, 오전과 오후는 강의로 돌릴 수밖에 없는 것이다. 어떻게 하든지 기간이 늘어나고 확보되어야, 강의뿐만 아니라 야외활동 프로그램과 다양한 분산형 경험 프로그램을 추가할 수 있으니, 사역자들은 캠프(수련회)를 기획하면서 기간을 늘리는 것을 두고 우선적으로 고민해 봐야 한다. 2박 3일과 3박 4일은 기간상으로는 하루 차이지만 교육적 효과는 사실상 배가된다고 보는 것이 타당하다. 4박 5일은 그

---

1 솔직히 캠프 일정이 초단기에 맞추어지는 근본적인 이유는 교회 청소년들이 방학 중에 캠프 일정 때문에 학원수업, 보충수업에 빠져서 다른 친구의 진도를 따라가지 못할까 하는 학부모들(신자)의 두려움 때문이 아닐까? 평소에 교회 주일사역에서도 중간고사, 기말고사를 앞두고 출석인원이 줄어드는 현상을 우리가 늘 경험하지 않는가?

이상이 된다. 저자의 오랜 캠프운영 경험상 보증할 수 있다.

참가자 입장에서는 첫날은 탐색전이다. 둘째 날 정도가 되어야 조금씩 마음을 여는데, 2박 3일은 마음을 열자마자 집에 가야 한다. 한마디로 '후다닥'이다. 기간이 길수록 참가자들은 더 마음을 열고 조원끼리 더 친해지고, 소집단은 더 견고해지고 지도교역자와 상담자를 신뢰하고, 그 열려진 마음에 프로그램과 강사와 상담자를 통해 은혜가 임하고 부어지는 것이다.

단위 프로그램과 거시(연속, 통합, 종합) 프로그램

프로그램이란, 어떤 활동의 진행과정을 시간적 순서에 따라 구체적으로 나열한 진행 순서표(일정표)나 사전 계획표라고 할 수 있다. 그러나 프로그램의 실제 개념에는 그 이상의 포괄적인 의미를 내포하고 있다. 즉, 프로그램은 활동내용이나 순서만을 의미하는 것이 아니라, 일정한 활동들을 구체적으로 실행하기 위해 필요한 경험의 총체를 뜻한다. 다시 말하자면, 특정의 활동이 이루어지는 총체적인 환경으로서 활동내용 그 자체와 함께 활동목적과 목표, 활동대상, 과정, 방법, 장소, 시기, 조직, 매체 등의 모든 요소를 포함한다.[2] 따라서 프로그램은 어떤 목적을 달성하기 위해 선택된 활동에 관해서 누가, 무엇을, 어떻게, 왜, 언제, 어디서, 그리고 누구와 행할 것인가를 종합적으로 묶어서 부분별로 보다 구체적으로 일목요연하게 제시해 주

2 김진화, "청소년프로그램개발의 이해", 한국청소년개발원 편, 14.

는 활동지침[3]이라고 할 수 있다.

캠프(수련회)를 전개하는 데 기준이 되는 가장 작고 기본적인 프로그램을 단위 프로그램이라고 한다. 단위 프로그램이란, 어떤 하나의 내용을 한 번에 지도하기 위한 일회성 프로그램으로 활동지도안의 성격을 갖는다. 이것은 비교적 짧은 시간에 달성해야 할 특정한 활동을 중심으로 구성되는 일종의 단위별 활동이라고 할 수 있다. 단위 프로그램을 기준으로 이를 단계적으로 묶었을 때 연속 프로그램과 통합 프로그램, 그리고 종합 프로그램으로 구분할 수 있다. 세 프로그램의 방식 모두 교회 캠프(수련회)에서 적용 가능한 방식들이라고 볼 수 있다.

연속 프로그램

연속 프로그램이란, 한 주제를 여러 개의 내용으로 나누어 이를 일정한 순서에 따라 지속하는 프로그램을 말한다. 다시 말하면, 동일한 계열에 속하는 여러 개의 활동 프로그램들이 단일 목표를 당성하기 위해 한데 모여서 이루어진 복합 프로그램이다. 어느 한 프로그램의 활동 결과는 반드시 다음 프로그램의 시작이 되도록 설계되며, 선후 활동 내용 간에 종적인 체계를 이루면서 활동의 깊이와 넓이를 더하는 것이다.

예) 성경통독 프로그램: 구약, 신약 파노라마

예) 도미노 쌓고 무너뜨리기: 2~4시간 프로그램

---

3 한국청소년개발원 편, 『청소년 프로그램개발 및 평가론』(서울: 교육과학사, 2005), 66.

통합 프로그램

통합 프로그램이란, 한 주제에서 세분화된 여러 활동이나 비슷한 성격의 활동들을 모아 한 체계 속에 적절하게 연결하여 하나의 활동으로 묶어 구성한 것이다. 통합 프로그램 역시 연속 프로그램과 같이 복합 프로그램의 한 방식이다. 그러나 연속 프로그램을 구성하는 각각의 내용은 그 자체로서는 미완의 결과물이지만, 통합 프로그램의 구성 요소들은 서로 독립되는 개별 내용으로서 서로 모순되지 않고 하나의 목표를 향해 효과적으로 결합되어 있는 것이 특징이다. 그러므로 통합 프로그램의 구성요소들은 종적인 체계를 이루는 연속 프로그램과는 달리 수평적인 관계에서 서로가 서로를 보강하고 강화할 수 있도록 조직되어 있다.

예) 천로역정 코스게임:

절망의 늪, 고난의 길, 회개의 방, 섬김의 방, 유혹의 방, 순례자의 길

천국(최종)

종합 프로그램

종합 프로그램이란, 부분별 프로그램이 각각 고유한 목표와 성격을 유지하면서 어떤 연결 원칙이나 공통적인 문제, 상호 관심적인 영역 하에서 그 연계성을 합리적으로 조합한 총괄성을 가진 프로그램이다. 이는 마치 오케스트라처럼 여러 유형의 단위가 한 구조 속

에서 각 활동을 다양하게 전개하며 하나의 종합적인 기능을 하는 구조적 통합의 형태를 말한다. 다양한 기관에서 실시되고 있는 각종 행사 프로그램이 이에 해당된다. 이 3가지 형태의 프로그램을 볼 때 교회 캠프(수련회)는 종합 프로그램으로서의 성격이 가장 강하다고 볼 수 있다.

예) 말씀집중캠프:

QT, 조별성경공부, 성경골든벨, 특강, 말씀사경회

예) 청소년 교회연합 수련회:

찬양, 기도회, 레크리에이션, 물놀이, 저녁집회, 조모임, 바비큐 파티

교회 사역자들이 이러한 용어(연속/통합/종합 프로그램)가 익숙하지 않겠지만, 큰 주제 아래에 단위 프로그램을 어떻게 연결하고 결합하느냐의 구체적인 방법론이 캠프(수련회)의 목적을 깊이 있게 실현하는 것과 연관되기 때문에, 기본적인 이해를 구하는 차원에서 간략하게 설명하고 넘어가기로 한다.

프로그램의 배치와 흐름

1. 일정표(캠프 스케줄링)의 기승전결(흐름)

캠프와 수련회 일정표를 짜는 방법론은 캠프(수련회) 관련 기본 서적

에 이미 정리되어 있다. 하지만 교회 사역자들이 가장 중요한 일정표를 왜, 어떻게 짜야 하는지(기획과 운영, 구체적 방법론)에 대한 책은 참조하지 않고 당장 써먹을 수 있는 〈프로그램 모음집〉만 뒤지다 보니 어색하고 전형적인 일정표가 나오는 것이 아닐까?

탈무드에 나오는 "물고기를 주어라. 한 끼를 먹을 것이다. 물고기 잡는 법을 가르쳐 주어라. 평생을 먹을 것이다."라는 말이 있다. 프로그램 모음집은 이번 수련회만 임시로 넘길 수 있다. 그러나 일정표를 어떻게 짜는지(프로그램의 구성)에 대한 원리를 깨우치면, 참가자들에게 매번 신선하고 감동적이며 창의적인 캠프를 선물로 줄 수 있을 것이다.

교회 사역자들에게 도움이 되도록 5명의 캠프(수련회) 전문가들의 일정표 구성 원리와 방법론을 설명하고 종합해 보겠다.

1.1. 챕 클락(Cha Clark) 프로그램 진행표

전체적으로 프로그램은 서로 밀접한 관계를 갖고 조화를 이루어 무리하지 않도록 편성한다. 가벼운 분위기로 캠프를 시작하고 부담스럽지 않게 메시지를 전하다가 사랑과 신뢰의 관계가 깊게 형성되면 복음을 좀 더 직접적으로 다룰 수 있다. 아래 도표는 메시지, 내용, 프로그램 등이 6일 동안 진행되는 캠프에서 어떻게 상호작용하는지를 보여 준다. 첫째 날에는 프로그램과 관계형성에 주력하고, 마지막 날인 6일째에는 핵심내용을 강조한다.

〈표2〉 챕 클락의 프로그램 진행표[4]

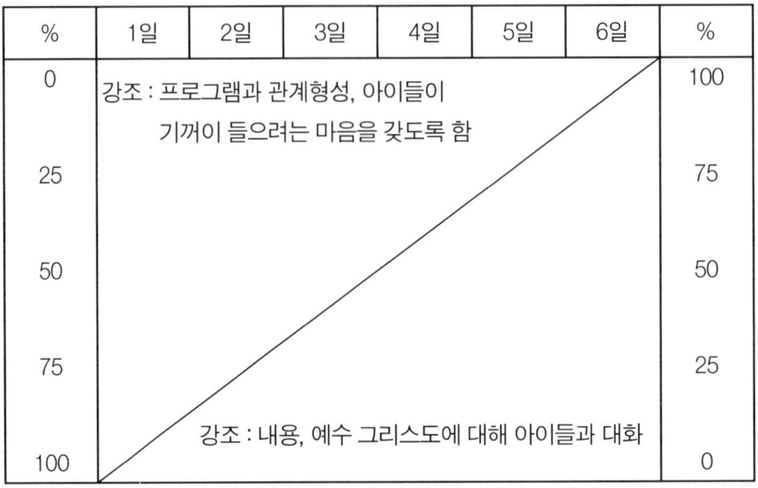

%	1일	2일	3일	4일	5일	6일	%
0	강조 : 프로그램과 관계형성, 아이들이 기꺼이 들으려는 마음을 갖도록 함						100
25							75
50							50
75							25
100	강조 : 내용, 예수 그리스도에 대해 아이들과 대화						0

1.2. 정춘석 프로그램 과정표

정춘석의 프로그램 과정표를 살펴보면, 크게 말씀의 전달(본질적)과 말씀이 아닌 전달(부수적)로 나누어 볼 수 있다. 말씀의 전달에는 저녁 집회 메시지(Message), 그룹토의, 숙소모임(Cabin Time), 상담 등이 포함되고, 말씀이 아닌 전달에는 레크리에이션, 건전한 오락과 여흥, 전체적인 분위기 조성과 감동적인 활동, 개인의 친교 등이 있다. 첫째 날에는 육체적인 활동이 주를 이루고 마지막 날에는 영적인 메시지가 주가 되도록 프로그램을 구성하고 있다. 영적 활동과 육체적 활동이 제3일 기준으로 서서히 배분되어 변화되어야 함을 프로그램 과정표가 보여 주고 있다.

4 챕 클락, 『캠프 수련회와 리트릿 핸드북』, 오성표 역 (서울: 죠이선교회출판부, 2000), 149.

〈표3〉 정춘석의 프로그램 과정표[5]

말씀의 전달

---------------->

	제1일	제2일	제3일	제4일	제5일
영적 -->					
결신의 시간	20%	30%	50%	70%	90%
육체적 -->	80%	70%	50%	30%	10%

출발 --------------------------> 도착

말씀이 아닌 전달

1.3. 탈 맥넛(Tal Mcnutt) 프로그램의 흐름

탈 맥넛 목사가 JOY 선교회에서 주최한 세미나를 통해 발표한 프로그램의 흐름을 나타낸 도표이다. 맥넛은 아래의 도표를 통해 캠프 전반기에는 참가자들의 관심거리와 욕구를 충족시켜 줄 수 있는 신체적 • 지적 • 사회적인 활동들을 중점적으로 진행하다가 조금씩 줄여 나가고, 대신 영적인 프로그램은 차츰 강화시켜 나감으로써 캠프 마지막 날에는 참가자들이 영적인 면에 궁극적인 관심이 모아질 수 있도록 해야 한다고 주장한다. 활동적 프로그램이 영적인 프로그램에 반하는 것이 아니라, 도리어 참가자들의 관심거리와 욕구를 충족시킬 때 영적인 기대 또한 서서히 강화된다는 것을 캠프 지도자는 꼭 기억해야 할 것이다.

---

5 대한기독교교육협회 편, 『캠프사역의 이론과 실제』 (서울: 대한기독교교육협회, 1991), 93.

〈표4〉 탈 맥넛(Tal Mcnutt)의 프로그램의 흐름

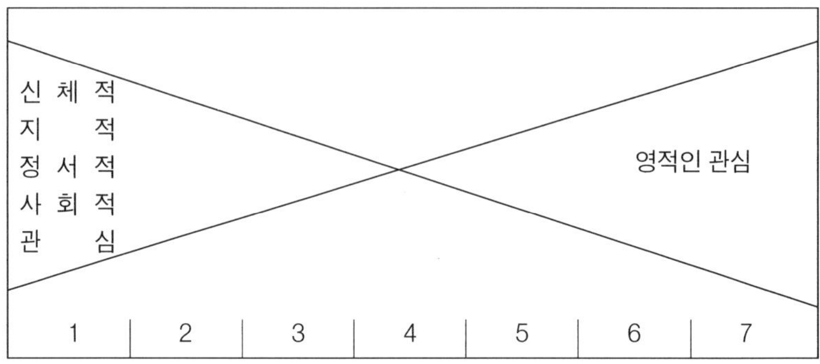

1.4. 탐 슬레이트(Tom Slater) 기승전결 프로그램 진행단계

탐 슬레이트는 1주일 캠프를 예로 들어 캠프의 진행에 대해 5가지 단계로 설명해 놓았다.

① 기대 단계

캠프가 시작되기 전 캠퍼와 부모를 모시고 예비모임을 가진다. 캠퍼들이 캠프에 도착하면 이름표를 나누어 주고 환영한다.

② 오리엔테이션 단계

서로 신뢰하고 수용하는 분위기를 조성하는 단계이다. 캠프에서 주요 활동들을 소개해 주고 필요한 기본 기술들을 훈련시킨다. 집단 발전단계에서 형성단계이다. 구성원들이 서로를 알게 되고 기본적인 규칙을 설정하는 단계이다.

③ 주요활동단계

주요 활동을 본격적으로 진행함으로써 캠프 분위기가 최고조에 이르게 된다. 이때 고려할 사항들이 있다. 격렬한 활동[6]과 차분한 활동들, 활동들의 목적 수행과 캠퍼들의 욕구가 서로 조화롭게 균형을 이루도록 해야 한다.

④ 종결 단계

임시공동체가 만들어지면 캠프가 종결되는 그 순간까지 이어지게 된다. 지도자는 현실이 아닌 임시공동체의 한계를 인정하고, 다시 그들이 돌아갈 캠퍼의 가정환경에 초점을 두고 그들이 그 안에서 잘 적응하여 살 수 있도록 해야 한다. 캠퍼들이 임시공동체에서 얻은 경험을 실제 이들의 삶의 터전인 가정으로 옮겨 실천할 수 있도록 도와주어야 한다는 말이다. 집단의 발전단계에서 해체단계이다. 그룹의 목표 달성이나 구성원들의 이탈로 해체되는 단계이다.

⑤ 후속단계

캠퍼들과 밀접한 관계를 통해 그들을 도울 수 있다면 지속적으로 도와주어야 한다.

탐 슬레이트의 프로그램에서 일정표가 마쳤다고 끝난 것이 아니라 가정으로 돌아갈 것에 대한 준비를 이야기한다. 캠프 지도자들이 많이 놓치는 부분이 아닌가? 캠프가 마쳤지만 그것으로 끝난 것이 아니라 참가자들은 자신들의 삶으로 돌아가 또 다른 삶의 캠프를 살아

---

6 전국재 박사는 집단을 시작할 때 여는 놀이(Mixer Game 또는 Ice Breaking Game)들을 사용하는데, 이 놀이들은 대부분 몸 작업을 적극적으로 유도하여 심한 스킨십과 활동을 통하여 순식간에 모색의 과정에서 벗어나도록 해 주는 데 도움을 준다고 한다.

간다. 삶이라는 거대한 캠프 가운데 우리는 임시적으로 임시공동체를 이루어 임시적인 캠프를 이루어간다. 캠프가 마치면 삶의 캠프가 시작된다는 것을 기억하고, 그곳으로 프로그램이 잘 연결되도록 참가자를 배려하고 준비시키는 것이 꼭 필요하다.

〈표5〉 탐 슬레이트(Tom Slater)의 기승전결 프로그램 진행단계[7]

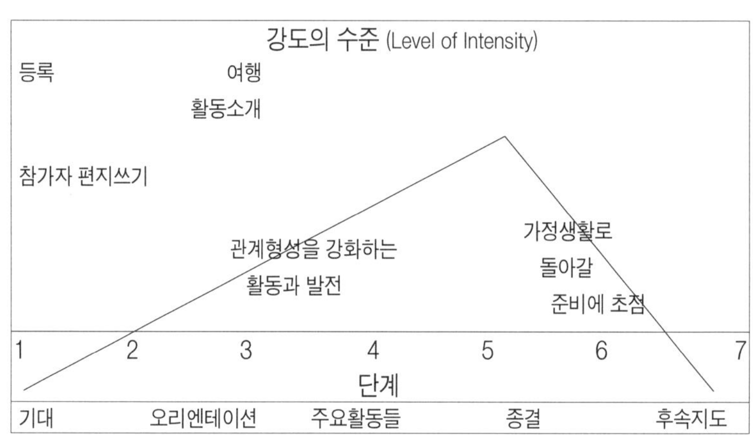

1.5. 이영민 캠프 스케줄링 곡선 프로그램

이영민은 캠프 스케줄링 곡선이라는 표와 프로그램의 성격비중배분을 통해서 캠프 구성에 대해 4가지로 이야기하고 있다.

첫째, 참가자가 캠프에 참석하게 되면 대자연속에서 자유를 만끽하고 싶어 하는 참가자들의 신체적인 요구를 채워주는 융통성 있는 프로그램 계획이 필요하다. 처음 도착[8]부터 참가자들의 발달단계와 특성

7 Tom Slater, *The New Camping Book* (Sydney & Wellington: Scripture Union, 1990), 120.

8 처음 캠프에 참가하는 참가자들은 공통적으로 두려움, 어색함, 낯설 등의 여러 가지 마음으로 복잡한 상태에서 서로를, 캠프를 탐색한다. 이 시간이 오래 가지 않고 긴장(탐색)이

이해보다는 시간계획에 쫓겨 참가자들을 모으고, 줄 세우기식 캠프로 몰아가는 진행을 답습하지 않아야 한다. 첫날 도착하여 격렬한 신체적 에너지를 마음껏 발산하는 체험활동 프로그램으로 자연 속에 젖어들게 한 후 영성 프로그램에 대해 마음을 열어가도록 연결해야 한다.

둘째, 하루 정도가 지난 후 참가자들이 시간의 흐름에 따라 캠프의 목표인 영적인 욕구가 점점 상승하게 될 때 집중적인 성경공부나 선택특강, 영성체험 프로그램을 탐구해 나간다.

셋째, 너무 많은 프로그램을 실행하려고 욕심과 분주함으로 목표와 일관성을 잃어버리는 캠프운영을 조심하라.

넷째, 크게 새벽, 오전, 오후, 저녁 4개의 큰 프로그램에 방향과 목표를 잡아 일관성 있는 프로그램을 만든다.

〈표6〉 이영민의 캠프 스케줄링 곡선[9]

시간	첫째 날	둘째 날	셋째 날	넷째 날
06:00 새벽	**신체적, 사회적 프로그램 욕구곡선**	산책, 체조, 등산, Q.T 아침 성경묵상의 시간		**영적, 정서적 프로그램 욕구곡선**
09:00 오전		예배와 성경공부 선택강의		
13:00 오후		오후활동 프로그램 야외활동, 스포츠, 추적놀이		
19:00 저녁		찬양과 말씀 캠프파이어(우리들의 이야기)		

해소되고 조원들과 즐겁게 친해지도록 나아가 환영 받는다는 느낌을 들도록 적절한 프로그램이 조기에 시행되어야 한다.

9 이영민, 『예수님도 캠프를 좋아하셨다』 (서울: 예루살렘, 2001), 117.

〈표7〉 일과표의 구성 원리

구분	상 태	프 로 그 램
아침 프로그램	아침은 누구나 마음이 상쾌하고 활발하기 때문에 이 점을 유의하여 계획한다.	성경읽기, 산책, 체조, 일출광경, 세면, 식사준비, 아침영상, 경건의 시간, 노래
오전 프로그램	새로운 기분으로 학습하기에 좋은 시간이다.	노래부르기, 성경공부, 주제강연, 분반학습, 그룹토의, 교양선택, 강좌코너, 초청강연(직업, 문학, 종교, 이성문제, 결혼)
오후 프로그램	나른해지고 졸린 시간이므로 활동적인 것이 좋다.	레크리에이션 활동, 수영, 공동체 훈련, 추적놀이, 그룹토의, 오침(낮잠), folk dance, 탈춤, 미니올림픽, 하이킹, 편지쓰기, 환자치료, 세탁, 일광욕, 모래찜질, 공동작업, Sing Along, 성경퀴즈
저녁 프로그램	마음을 가다듬고 하루를 반성하는 기회와 친교의 기회를 삼는다.	영감의 제창, 말씀의 시간, 친교의 방, 촌극대회, 조별장기자랑, 영화상영, 간증의 밤, 성가경연대회, 인간관계훈련, 친구와의 대화, 성경퀴즈, 공동예찬, 촛불예배, 결단의 밤, 음악극, 캠프파이어

아침시간은 수면 상태에서 활동 상태로 전환하기 때문에 정적인 방향으로 시작한다. 정적인 프로그램으로는 경건의 시간, 명상의 시간(Q.T), 기도회, 영성훈련 등으로 한다. 아침 체조도 정적인 방향으로 한다. 오전시간은 동적인 프로그램이 가능하지만 오후 프로그램을 고려하여 약한 동적 프로그램을 전개한다. 찬양, 특강, 그룹성경공부, 자연탐구 등으로 한다. 오후시간은 강한 동적 프로그램으로 한다. 추적놀이, 등산, 수영, 체육대회 등으로 한다. 저녁시간은 다시 정적인 프로그램으로 촛불기도회, 대화, 지적 정서적인 활동과 기도회 · 말씀부흥회 등으로 한다.

이상으로 다섯 전문가의 일정표(일과표)와 프로그램을 살펴보았다. 조금씩 차이는 있지만 구성 원리와 방향성에 있어서는 동일하다. 이제 교회 사역자들은 본인이 세운 캠프(수련회) 일정표를 한번 비교해 보라. 그리고 어떤 부분에서 왜 차이가 나는지를 꼼꼼히 살펴보라. 그 구체적 차이를 발견해 내고 설명해 낼 수 있다면 당신은 캠프기획에서 이제 조금 눈을 떴다고 볼 수 있다.

① 아침부터 밤까지 참가자들의 발달특성에 따라 프로그램이 적절히 배치되는가?

② 첫날부터 마지막 날까지 참가자의 욕구(신체적, 사회적)와 주최측이 주고자 하는 의도(정서적, 영적)가 어떻게 비중을 가지고 상호 관계 속에서 배분되어 흐르는가(기승전결)?

③ 단위 프로그램과 단위 프로그램은 단절되는 것이 아니라 캠프(수련회)의 주제 아래에 상호 연결되고 통합되고 종합되어 실행되고 있는가?

교회부서 사역자가 이 3가지 질문에 대한 나름의 정리된 대답을 할 수 있다면, 더 알차고 감동적인 캠프(수련회)를 기획 · 운영할 수 있는 중요한 기초적 원리를 파악한 것이라고 볼 수 있다.

다섯 전문가의 공통적인 부분은 일정표 프로그램의 전체 단계를 예비단계, 성장단계, 성숙단계로 구분한다면, 예비단계에서는 활동적이고 생활적인 프로그램을 위주로 구성한다. 예비단계에서 성숙단계로 발전해 나갈수록 개인적인 차원의 활동을 점차 감소하고 협동과 공동생활 부분을 확대한다. 점차 성장과 성숙 단계에 이르러서는 영적인 말씀의 전달을 위한 프로그램을 위주로 구성하도록 한다는 것이다.

나아가 이 모든 각각의 프로그램이 추구하는 교육의 목적과 효과를 하나의 주제로 엮어내는 것은 참 중요한 일이다. 일관된 흐름을 갖는 것은 한 가지를 반복하여 말하는 것과 같다. 반복하여 듣게 되는 이야기는 쉽게 기억할 수 있고, 변화를 일으키는 원동력으로 작용한다.[10] 중요한 사실은, 해보고 싶은 것을 다하는 것이 아니라 프로그램과 프로그램을 연결하여 하나의 메시지를 일관되게 전하는 것이다.

프로그램을 운영하면서 꼭 주의해야 할 점은 프로그램의 목적이 있다고 해서 무조건 100% 완성해야 하는 것은 아니다. 프로그램의 목적을 이루기 위해 무리하게 진행하거나 참가자들이 어려움이나 상처를 겪게 된다면 주객이 전도되는 것이다. 캠프에서는 결과보다 과정을 더욱 중요시해야 한다. 목적 달성을 위해 참가자들을 외면하거나 이들이 무시당하는 일은 없어야 한다. 캠프(수련회)의 레크리에이션에서 종종 벌어지는 실수가 아닌가? 과도한 경쟁으로 부상을 당하거나 순위 문제로 싸움이 일어나 마음이 상하는 것이다. 지도교역자는 이러한 상황을 적절하게 통제하고 융통성 있게 운영해야 한다.

캠프(수련회) 프로그램의 운영목적은 프로그램 진행과정 안에서 이루어지는 인간관계와 시행착오도 경험에 속하게 하는 것이다. 실수와 위기는 실패가 아니라 학습과 영적인 성장이 이루어지는 소중한 기회가 된다.[11] 따라서 훌륭한 프로그램은 결과보다 과정(process)에 더 강조점을 두어야 한다는 것은 교회 사역자들은 잊지 않아야 한다.

---

10 정요섭, "변화를 풍성하게 하는 프로그램을 기획하자", 『교육교회』 7월호 (2002), 169.

11 전국재, "조직캠프의 전인교육적 모형연구", 박사학위논문 (연세대 대학원, 2002), 33.

캠프(수련회)가 일정표에 따라 다 마치고 캠프(수련회)의 주제가 참가자들의 마음속에 선명하게 남는다면(한 줄로, 한 단어로), 그때 그 프로그램들이 그래서 진행되었구나, 강사가 그래서 그렇게 설교 했구나, 라는 깨달음이 있다면 성공적인 캠프(수련회)라고 할 수 있다. 그런데 교회 사역자들이 캠프(수련회)의 주제는 정했지만 그것이 명목상의 주제로만 남고 프로그램도 고민 없이 정해지고 강사도 내가 알고 친한 분을 급하게 데리고 오는 차원이라면 어떻게 되겠는가? 아무리 캠프에서 상담자의 역할이 강조된다고 하더라도 강사의 영향력은 여전히 중요한 자리를 차지한다. 강사와 상담자는 상호 보완적인 존재이다. 강사가 전체를 향해 큰 은혜를 준다면 상담자는 그 큰 은혜를 잘게 쪼개어 개별적으로 참가자들에게 나누어 주는 섬세한 역할을 하는 것이다.

그렇다면 어떻게 강사를 선정해야 하는가? 교회 사역자들은 다음 사항을 깊이 고려해야 한다.

강사가 이번 캠프의 주제를 잘 파악하고 있는지?
아이들과 참가자의 눈높이를 맞추고 커뮤니케이션이 잘 되는지?
평소에 십대 전문사역 현장에서 사역하고 있는지?
우리 교회의 상황과 형편에 맞는 메시지를 해 줄 수 있는지?

주제와 아무 상관없이 따로 노는 강사와 전형적이고 무작위 프로그램(작년 프로그램 그대로, 프로그램 모음집에서 눈에 들어오는 것 뽑기씩)은 결코 참가자의 마음에 선명한 인상과 한 줄을 남기는 캠프(수련회)가 될 수 없다. 프로그램을 가져다 사용하더라도 반드시 캠프의 주제와 참가자, 교회의 전반적인 상황을 고려하여 변형하고 보완하고 수정해야 한다.

강사 선정에서 우리가 여름/겨울 성경학교 강습회에서 늘 경험하는 실수가 아닌가? 유 · 초등부 공과, 중 · 고등부 공과지도에 꼭 담임목사님을 모신다. 담임목사님이 유초등부, 중고등부 설교와 공과를 지도했던 때는 까마득한 옛날이다. 이미 그 세대에 대한 감각이 없고 실제 현장이 없는데 주최하는 노회에서 어르신 목사님들 체면 차리도록 강사로 불러 한 자리씩 나눠드리는 차원이 되니, 겉도는 강의가 되고 교사들에게는 실제적인 도움이 되지 않는 것이다.

교회 사역자들은 캠프(수련회)를 기획하면서 왜 이 주제여야 하는지에 대한 깊은 고민이 있어야 하고(그 주제가 우리 교육부서와 참가자들에게 영적 유익이 되는지), 그 주제가 정해졌다면 그 주제를 실현하기 위한 강사를 모시고 프로그램을 만들기 위해 최소한 장기적 계획 속에서 미리미리 준비하고 기도해야 답습적인 명목상의 캠프(수련회)가 되지 않을 것이다. 그리고 교회 사역자로 부임하면 적어도 5~6년 정도 캠프(수련회)의 큰 그림으로 각 캠프의 주제가 다음 캠프(수련회)와 연결되어 발전되도록 기획해야 한다. 5~6년 정도면 중학생이 고등학교를 졸업하는 시기가 될 것이다. 참고로, 사역자가 자주 바뀌는 교회, 1년마다 교체되는 교회는 교회 리더십이 교육에 대한 제대로 된 안목이 없다고 보아야 한다. 시간이 지날수록 아이들은 사역자를 신뢰하게 되고 그 관계 속에서 사역자와 부서가 의도한 영적목표를 달성할 수 있다.

예를 들면, 캠프(수련회)의 주제를 <구원 → 성화 → 공동체(교회) → 전도 → 세계관 → 하나님 나라>의 흐름으로 장 · 단기적으로 작은 주제에서 큰 주제로 점진적으로 나아갈 필요가 있다. 이렇게 장 · 단기적 발전계획을 세운다면 청소년들은 지도교역자를 신뢰하게 되고, 매년 새롭게 변화되며 발전적인 캠프를 기대할 수 있을 것이다. 일반적으로 장기계획이란 5~10년 또는 그 이상의 기간의 계획을 가리키고, 단기계획이란 5년 미만 또는 1~2년 정도의 기간을 위한 것이다. 교회 담임목사님들은 부서 담당사역자가 이러한 장기계획을 실천할 수 있도록(최소 5년 이상) 단기간에 사역자를 교체하는 일이 없도록 신뢰하고 믿어주어야 한다.

2. 가로와 세로 프로그램의 조화

교회 캠프와 수련회는 30명이 앉아 있든, 100명이 앉아 있든 같은 공간에서 한 강사가 참가자 전체를 대상으로 전하는 경우가 많다. 단지 앉아 있는 인원만 다를 뿐이다. 참가자들은 선택할 수 있는 것이 없이 단체로 주최측의 요구에 따라 움직이는 것이다. 그래서 가로 프로그램만이 일정표에는 존재한다.

〈가로 프로그램 예시〉

시간	둘째 날 저녁 프로그램	장소
저녁 6~7시	**식사**	식당
저녁 7~8시	**다 함께 찬양**	강당
밤 8~9시 반	**말씀집회**	강당
밤 9시 반~10시	**기도회**	강당

그런데 캠프(수련회) 프로그램 중에는 선택특강이라는 것이 있다. 내가 선택할 수 없는 전체강의(가로 프로그램)와 달리 내가 선택해서 들을 수 있는 강의는 집중도는 올라가고 참가자의 참여와 몰입 강도를 높인다. 그래서 좋은 일정표는 참가자들이 선택할 수 있는 세로 프로그램이 많을수록 진지하게 일정에 함께할 수 있다. 30명이 모인다면 10명씩 3팀으로, 3개를 선택할 수 있는 아니면 30명이 모두 다 선택해서 개별적으로 활동할 수 있는 프로그램이 불가능한 것은 아니다. 가두어 놓지 말고 풀어놓고, 하나만(가로 프로그램) 주지 말고 여러 개를 선택할 수 있도록 일정표를 계획하라. 분명히 캠프(수련회)를 마치고 참가자들의 피드백이 기존의 수련회와 다른 반응을 보일 것이다.

〈세로 프로그램 예시〉

시간	둘째 날 오후				장소
오후 2~5시 오후 2~5시	**야외 선택 활동체험**				야외 야외
	그림 그리기	**산책 하기**	**자연물 채집**	**들꽃 사진 찍기**	

캠프에서 다양한 프로그램들은 더욱 다양해진 참가자들의 필요를 충족시킬 수 있다. 이런 다양성이 크리스천 캠프를 활기차고 역동적으로 만드는 것이다. 하지만 대규모의 위탁캠프(집회형)에 가면 프로그램을 선택할 것이 적다. 대부분 함께 설교를 듣거나 찬양을 하는 것이 대부분이고, 있다고 해도 선택강좌 정도이다. 직설적으로 말

하자면, 참가자들은 선택이 아니라 수용되는 것이다. 휘튼 칼리지(Wheaton College)의 Honey Rock Camp(WI)는 기독교 캠프로서는 최초의 분산형 캠프인데, 이 캠프에서는 거의 모든 시간을 개인별, 캐빈별(조별) 선택 프로그램으로 진행하고 있으며 동일한 시간대에 참가자들이 선택할 수 있는 프로그램이 50여 가지가 넘는다고 말한다. 참가자(청소년)들의 특성을 이해한다면, 가장 적절한 교육방법은 대집단을 분할하여 소집단 방식으로 적용하는 것이다. 세로 프로그램, 곧 참가자들이 선택할 수 있는 프로그램이 많으면 많을수록 참가자는 더욱 존중되고 자율성이 보장된다는 것을 느낄 수 있다.

3. 실내와 실외 프로그램

교회 캠프(수련회)가 야외로 간다는 것에만 의미를 두는 것이 아닌가? 정작 야외로 나갔는데 창밖으로만 경치를 감상하거나 야외에서 하는 활동 프로그램이 전무하다면 '왜 나갔는가?'라는 질문을 교회 사역자들은 해 봐야 한다.

자연은 캠프가 이루어지는 장으로, 하나님의 일반계시로서의 자연이 갖는 의미는 매우 중요하다. 하나님의 창조세계는 두 번째 성경이라고 일컬어진다. 하나님은 자연을 통해서 말씀하실 뿐만 아니라 그것을 사용하셔서 우리의 마음을 여신다. 예수님이 당신의 가르침 속에서 자연을 얼마나 자주 사용하셨는지 생각해 보라. 일상생활에서 벗어나 자연 속에 있게 되면, 참가자들은 더 민감해지고 생각이 깊어진다. 그들은 자연의 경이로운 모습을 보면서, 하나님이 얼마나 완벽한 계획과 질서를 통해 세상을 창조하셨는지 생각하게 된다. 별이

빛나는 은하수가 흐르는 밤하늘을 바라볼 때, 파도치는 광활한 바다에 서서 그 소리와 바람을 느낄 때, 붉게 물든 저녁노을이 하늘을 가득 채운 숨이 막힐 정도로 멋지고 아름다운 광경을 바라볼 때, 창조주 하나님에 대해 이야기하는 것은 매우 자연스러운 것이다. 하나님이 창조하신 자연 속에 들어가 그 장엄한 모습을 보게 되면, 참가자는 하나님의 임재하심을 새롭게 인식하게 된다.

그 상황에서, 즉 실내가 아닌 하늘과 바다, 산과 들판 자연(야외)에서 다 같이 찬송가와 복음성가를 불러 보는 건 어떤가?

찬송가 79장: 주 하나님 지으신 모든 세계

(2절) 숲속이나 험한 산골짝에서 지저귀는 저 새소리들과
고요하게 흐르는 시냇물은 주님의 솜씨 노래하도다

찬송가 304장: 그 크신 하나님의 사랑

(3절) 하늘을 두루마리 삼고 바다를 먹물 삼아도
한없는 하나님의 사랑 다 기록할 수 없겠네

복음성가(CCM): 하늘을 바라보라

하늘을 바라보라 드넓은 저 바다도 온 세상 지으신 주님의 솜씨라
먹구름이 다가와 태양을 가려도 만물을 주관하시는 주님의 섭리라
들에 핀 꽃을 보라 하늘을 나는 새도 만물을 지으신 주님의 솜씨라
눈보라가 닥쳐와 온 땅을 덮어도 만물을 주관하시는 주님의 솜씨라
너와 나 지으신 주의 놀라운 손길 우리 다 함께 주를 찬양해 찬양해
온 하늘과 땅위의 만물아 겸손히 무릎 꿇고 주의 위엄 앞에 경배하라

그 어떤 화려하고 좋은 실내에서 찬양하는 것보다 참가자들의 마음에 더 감동을 주지 않겠는가?

그런 면에서 강의 중심형 프로그램만이 아니라 자연 가운데서 하나님의 손길을 경험할 수 있는 체험형 프로그램을 기획해서 참가자들에게 제공한다면, 참가자들에게는 신선하고 감동적으로 느껴지는 캠프(수련회)가 될 것이다.

자연(야외)에서 하는 야외활동 프로그램, 협동놀이 프로그램은 조직 캠프의 전문가와 권위자인 전국재 목사의 책들에 잘 소개되어 있다.

▶ 전국재, 『예수꾼의 놀이꺼리』 (홍성사, 1994).

▶ 전국재, 『야외에서 즐기는 놀이 177』 (시그마북스, 2011).

▶ 전국재, 『기독 공동체 놀이 1』 (시그마북스, 2017).

3.1. 신체적이고 정서적인 프로그램의 유익

모든 캠프 전문가들이 말하는 공통점이 있다. 영적인 프로그램만 한다고 해서 아이들이 영적이 되는 것이 아니다. 도리어 참가자들의 관심과 신체적, 육체적, 정신적 활동의 필요에 따라 프로그램을 짜면 서로의 어색함이 금방 사라지고 참가자들의 마음을 열어 영적인 관심으로 이끌 수 있다고 말한다. 엘머 타운은 이야기한다. "만일 사람들이 가고 싶어 하는 방향으로 갈 수 있도록 그들을 도와준다면 그들은 당신이 가고자 하는 방향으로 따라갈 것이다"[12] 이 명제를 교회 사역자라면 꼭 기억하라!

---

12 엘머 타운즈, 『팀 지도력』, 최예자 외 역 (서울: 도서출판 프리셉트, 1996), 49.

성공적인 캠프에는 즐거움과 재미가 빠질 수 없다. 캠핑은 그 본래 성격대로 재미가 가득 찬 경험이어야 한다. 이것은 다른 어떤 이유보다 참가자들을 더 참석시키는 이유이기도 하다.[13] 성공적인 캠프의 기준을 어떻게 측정할 것인가를 누군가 묻는다면 이렇게 답할 수 있다. 즐거움 없이 모임이나 세미나를 할 수는 있지만, 성공적인 캠프는 즐거움 없이는 불가능하다고 말이다. 즐거움은 배움을 촉진시키고 배움을 즐거움을 통해 고양된다. 참가자들이 즐겁고 재미있는 환경에서는 가르치고 배우는 것은 더욱 쉬운 일이 된다.

일정표상의 흐름은 아이들의 정신적, 육체적, 사회적 활동이 영적 필요와 밀접하게 관련되어 적절히 배분되면서 흘러가야 한다. 참가자들은 집회를 통해 영적인 구원을 얻어야 하는 죄인만이 아니라 지·정·의를 가진, 여러 가지 필요(즐거움과 재미)를 느끼는 복합적 인격체로서의 한 인간이라는 것을 염두에 두어야 한다.

3.2. 상충되지 않아야 할 프로그램

주최자가 참가자의 열려진 관심과 흥미가 영적인 관심으로 옮겨가도록 지혜롭게 일정표상의 프로그램을 적절히 배치해야 하다. 다시 말해, 즐거움(재미)과 구원(은혜)이 서로 상충되지 않도록 프로그램을 배치해야 한다. 첫날에 반드시 들어가야 할 프로그램이 마지막 날에 들어가 혼동이 일어나서는 안 된다. 마찬가지로 마지막 날에 들어가는 프로그램이 첫날에 들어가서도 안 된다. 또한 서로 반하는 프로그램이 가까이 배치되지 않도록 해야 한다. 서로 반하는 프로그램이 붙어 있으면 각각의 프로그램이 의도하는 바가 상쇄되고 혼란스러워

13 노만 라이트 외, 『캠프가 상담을 만나』, 92.

지고 때로는 둘 다를 망칠 수도 있다.

예를 들면, 캠프파이어와 물놀이다. 전통적인 교회 수련회 프로그램에서는 마지막 날 집회를 마치고 캠프파이어를 한다. 그런데 일정표 짜는 원리에서 확인한 대로, 마지막 날은 참가자들이 집회에서 은혜를 받고 그것을 영적으로 정리하는 단계이다. 즉, 기승전결에서 결에 해당한다. 하지만 그때 캠프파이어는 아이들의 마음을 들뜨게 하고(불은 사람을 이유 없이 흥분하게 만든다), 정신없게 하는 측면이 있다. 그리고 받았던 많은 은혜를 잊게 만드는 부작용도 있다는 것을 잊지 말아야 한다. 마지막 날은 그동안 받았던 은혜를 정리하고 곱씹는 시간인데, 너무 정신없는 캠프파이어 때문에 은혜는 가고 불꽃만 남게 된다. 불가피하게 꼭 캠프파이어를 한다면 너무 대형으로 불을 피우지 말고 은은하게 불이 타도록 하고 불이 사그라져 가는 조용한 분위기에서 그동안 받았던 은혜를 마무리하고 정리하도록 해야 한다. 불이 밤새 타도록 하지 말고(화재예방), 참가자들이 불 옆에서 밤을 새서 잡담하지 않도록 정리를 철저히 해야 할 것이다.

물놀이도 보통 두 번째나 마지막 날 오후에 개천이나 수영장에서 진행한다. 그런데 아이들이 물놀이에 많은 에너지를 쓰게 되면 저녁 먹고 집회를 하는 데 큰 어려움을 겪는다. 이미 힘을 다 소진해서 정작 중요한 집회시간에 수면에 빠지거나 졸게 되는 어려움을 당할 수 있다. 일정표를 짜면서 참가자들의 육체적 상황을 고려[14]하고 그것이 영적인 집회 프로그램에 어떤 상관관계 속에서 영향을 끼칠 것인

---

14 특히 점심을 먹고 참가자들이 식곤증이 너무 심할 때 강의를 배치한다면, 그 어떤 좋은 강의도 자장가로 들리게 될 것이다. 그때는 강의가 아니라 활동적 프로그램을 배치하는 것이 타당하고, 혹시나 어쩔 수 없이 강의를 배치하더라도 정적인 강사가 아니라 참가자를 깨워 의도한 주제로 이끌 수 있는 활동적인 스피치와 강의가 가능한 강사를 모셔야 한다.

가를 주도면밀하게 판단하는 능력이 교회 사역자에게 요구된다.

그래서 물놀이(워터 페스티벌)는 도리어 첫날에(아니면 최소한 일찍) 아이들이 서로 서먹하고 어색할 때 진행하여 서로가 빨리 친해지도록 해야 한다. 캠프파이어도 마지막 날에 절대 배치하지 말고 둘째 날 전에는 시행되도록 해서 받았던 은혜를 쏟아버리지 않고 정리되어 집으로 돌아가도록 해야 한다. 다시 반복하지만, 역동적이고 신체적으로 격한 활동적인 프로그램은 가능하면 캠프(수련회)의 시작 내지는 첫째 날이나 전반부에 배치하는 것이 프로그램의 전체적인 흐름에 어울린다.

3.3. 변수에 대한 대비

야외 활동프로그램은 늘 날씨가 문제다. 교회가 캠프와 수련회 하는 날, 어떤 날씨가 주어질지는 아무도 모른다. (흥미롭게도 어떤 교회는 캠프만 하면 비를 몰고 다니기도 한다.) 교회 사역자가 맑은 날씨만을 생각해 야외 프로그램만을 준비했는데 정작 그날 비가 오거나 날씨가 안 좋다면 황당한 경우에 빠진다. 그래서 그냥 실내에만 가두어 놓고 시간을 보내게 하여 아이들을 지루하게 만들어 버린다.

그러므로 교회 사역자는 혹시 모를 날씨의 경우에 대비해 예비적 프로그램(2안, 3안)을 준비해 놓아야 한다. 그리고 역발상으로 비가 온다면 비를 이용한 프로그램을 준비할 수도 있다. 만약 우리가 비 내리는 상황을 만들려고 한다면 얼마나 많은 돈이 들어가겠는가? (1톤 물차 하나 부르는데 50만원이다.) 하나의 우산에 상담자와 참가자, 참가자와 참가자가 걸으면서 오순도순 이야기를 하며 코스에 해결해야 할 과제(자연물 채집, 벌레 관찰, 비를 이용한 야외 협동놀이 등)를 준다면, 야외날씨를 이용한 캠프(수련회)에서 소중한 추억이 되지 않을까? 안 좋은 날씨를 이용해서 프로그램에 활용할 수 있다면 참가자들에게 신뢰를 줄 수 있고 당신은 어느 순간 변수까지도 캠프(수련회)에 활용하는 캠프기획의 최고의 단계에 올라왔다고 볼 수 있다.

온다고 한 인원이 오지 않아 부족한 인원으로 캠프(수련회)를 운영해야 할 때도 종종 있다. 많은 교회가 경험하고 있지 않는가? 당일이 되어도 가야 할 인원이 정확히 파악되지 않는 경우가 있다. 온다는 사람이 안 오고 안 온다는 친구가 갑자기 나타난다. 대부분 온다고 한 인원보다 적게 오는 것이 일반적이다. 조를 줄여야 하는 것인가? 상담자 선생님을 빼고 스탭으로 돌려야 하는가? 이것도 마찬가지이다. 어떤 상황이 생기던 미리 예측하고 있다가 인원의 변동에 따라 조와 인원을 융통성 있게 배치한다면(만일의 경우를 예측하고 있어야 한다), 혼란을 줄이고 캠프와 수련회는 목적한 바의 소기의 성과를 이룰 수 있을 것이다.

캠프에서는 만에 하나 일어날 수 있는 안전사고와 부상에 대한 준비를 항상 해 두어야 한다. 사소하게 긁히거나 벌레에 물리거나 배탈이 나거나 다치는 다양한 경우가 있다. 예비 의약품을 꼼꼼하게 준비해 둬야 하고 가장 가까운 병원이 어디에 있는지 기본적으로 파악하고 있어야 한다. 가능하면 교회 안에서 시간이 되는 의료인들을 캠프에 안전담당으로 같이 데리고 가면 좋다. 혹시나 데리고 가지 못한다면 만약의 상황을 대비해 비상연락망(핫라인)을 꼭 준비해 놓아야 한다.

아무리 캠프(수련회)가 재미있고 유익하더라도 참가자가 크게 다치거나 문제가 생기면 그 모든 프로그램과 행사가 한순간에 의미가 없어진다. 그래서 지도교역자는 늘 프로그램을 진행하면서 참가자들의 안전과 부상, 건강을 꼭 최우선으로 고려해야 한다.

3.4. 체크리스트

계획에 따른 모든 준비물을 철저히 준비해야 한다. "계획은 면밀하고 정확하게, 실천은 대담하게"라는 말이 있듯이, 야외활동을 실시할 때에는 대용품이라는 것이 있을 수 없다.[15] 외딴 시골로 가면 다이소나 문구점, 편의점도 없다. 스탭(진행팀)들이 실행에 옮길 수 있도록 자세한 일정 준비표를 개별적으로 만드는데, 자세하면 자세할수록 실수와 부담을 줄일 수 있다. 당일 프로그램 지도 활동을 전개해 나갈 지도안의 편성과 이에 대한 확인 작업이 이루어져야 하고, 체계적인 점검 및 확인을 위해 사전 체크리스트(checklist)를 작성하고 그에 의거해 구체적인 항목을 점검 · 확인하도록 해야 한다. 준비물에 대한 목록을 작성해 하나하나 점검하여 그 어느 하나라도 빠뜨리거나 잊어버리는 일이 없도록 해야 한다.

그리고 야외활동의 준비물은 계절과 장소 혹은 목적에 따라 달라질 수가 있는 것이고, 또 이것들을 개인별, 반별, 본부별로 나누어 준비하고 프로그램 속에 들어있는 내용물에 일람표를 붙여 두도록 한다. 그렇게 하면 찾는 데 시간이 매우 절약될 뿐만 아니라 편리하다. 기존의 교회 수련회에서 주먹구구식 운영으로 인해 프로그램이 펑크 나는 경우가 종종 있다. 빠뜨린 준비물 하나 때문에 프로그램이 아예 운영되지 못하는 경우도 종종 경험하지 않는가?

따라서 프로그램을 실시하기에 앞서 세밀한 행동계획표, 역할분담표, 종목별 진행표 등을 철저하게 준비하고, 관계자 누구라도 이해하기 쉽도록 만들어야 한다. 그리고 프로그램 운영에 대한 소품이나 장

---

15 심상신 편, 『여가와 레크레이션』 (서울: 단웅미디어, 1995), 280.

비 등의 체크리스트를 만들어 확인할 수 있도록 한다. 누구라도 알아볼 수 있는 전체 프로그램에 대한 진행표를 작성하고 진행요원 모두에게 사전에 배부하여 프로그램 진행에 대한 내용을 모두 알고 있어야 한다.[16]

또한 진행팀을 모아 실제 진행하는 것처럼 축약된 시간 안에서 '모의 진행'을 해보는 것도 변수를 예측하고 계획표와 실제 진행의 차이를 알 수 있어, 완성도 있는 프로그램을 진행하는 데 적잖은 도움이 된다.

체크리스트: 둘째 날, 7/22(토)

시간		프로그램	담당	장소	준비물	비고
오전	06	기상 & 아침 체조	이시형	마당		
	07	아침 산책 & 세면	상담자	각 숙소	자연물 채집 & 캐빈 나눔	
	08	아침 식사	김동영	식당		
	09	경배와 찬양	성희곤	집회장		
	10 11	주제 탐구 활동 '나를 향한 부르심'	김대희	집회장	강사 안내 문자 (이시형) 필요사항 문의?	사례 (원지영)
	12	자유 시간				
	12	점심 식사	김동영 김시영	식당		간식 (수박)
오후	1					
	2 3	캐빈 파워 워터 레이스	이시형 김동영	마당	물을채워라1,2> 사랑의토스> 파이프라인> 봉세우기> 팀바운스> 피라미드> 물총전쟁 시상 - 단체 2개 팀, 개인: 베스트(남,여 2명), 워스트(남,여 2명) *벌칙	
	4	캐빈 모임	상담자	각 숙소		간식 (쭈쭈바)
	5 6	PK 토크박스	성희곤 하유라 김은혜	집회장	토크 상자(집회장 게시판 포스트잇, 질문 문구), 주사위, 토크 마이크	시상 (토크왕 1명)

16 조택구 외, 『레크리에이션 프로그램 가이드』 (서울: 대경북스, 2003), 39-40.

프로그램 준비물

프로그램명	품 목	담당자
생활용품 / 등록	사무용품, 매직, 테잎, 생수, 종이컵, 접시, 휴지, 비상약, 명찰, 필기구, 에코백, 모기약, 기피제	정현순 원지영
실내 장식	현수막, 전지, 색지, 매직, 테이프, 가위, 색연필, 크레파스	박예은 김채은
ice Break	스티커, 고무줄, mr, 시상품	이시형 김동영
캐빈 모임	4절지, 매직, 색종이, 크레파스, 가위, 풀	정현순 박예은
캐빈 파워 워터레이스	원형풀2개, 딸기바구니30개, 물풍선200개, 파이프라인30개, 나무봉30개, 팀바운스2개, 돗자리2개, 물총30개, MR스피커, 마이크, 시상품	이시형 김동민
PK 토크박스	토크상자, 주사위, 포스트잇, 펜, 토크마이크, 시상품	성희곤 하유라 박예은
경배와 찬양	건반, 엠프, 스피커, TV, 노트북, 보면대, 마이크(대), 악보, 멀티탭, 실내조명LED	성희곤 김동영
pk night	LED양초, 실내무드조명, 만찬(피바, 치킨, 다과, 음료), 웨이터명찰	정현순 박예은 김채영
캠프 영상	카메라, 노트북, 포토스냅기	이예솔 김채은
시상	ice Break(2개팀), 워터 레이스(2개팀, 개인2명), PK 토크박스(개인1명/선물), 나눔의시간(개인2명/선물), 생일축하(개인1명/선물)	정현순 원지영
스탭,상담자 모임	커피, 컵라면, 영양 간식	정현순 박예은
전체 간식	캐빈 모임, 첫날 캐빈모임, 둘째날 점심식사, 워터레이스, pk night	정현순 박예은

4. 참여를 이끌어내는 프로그램

교회 사역자들이 다 준비해 놓고 참가자들은 지시하는 대로만 따르라가 아니라, 캠프와 수련회를 준비하는 단계에서 참가자들을 적극적으로 참여시키는 것도 필요하다. 그 과정에서 참가자들 스스로가 존중받는 느낌을 받으며 본인들도 주변인이나 들러리가 아니라 주체라고 생각하고 더 능동적으로 캠프(수련회)에 함께할 수 있다.

4.1. 준비단계(설문조사와 일정표)

참가자들에게 어떤 장소에서 어떤 강사, 어떤 프로그램을 하고 싶은지 설문조사를 하고 참가자들이 생각하는 일정표를 짜 보라고 요구하라! 참가자들이 직접 짠 일정표를 보면서도 아이디어와 통찰을 얻을 수 있다. 참가자의 모든 요구사항을 다 들어줄 수는 없지만 10가지 중 하나라도 참가자들의 의사가 반영된다면, 그리고 식사도 참가자들이 원하는 메뉴로 한 끼라도 특식으로 제공된다면, 참가자들이 캠프의 시작 단계부터 수동적이지 않고 더 적극적으로 반응할 것이다. 캠프(수련회) 전부터 잘 짜인 일정표에 대해 시상을 한다면, 더 참여하고 싶다는 분위기를 이끌어 낼 수 있는 장점도 있을 것이다. 그 일정표를 부분적으로 꼭 반영해 보라.

4.2. 포스트잇, 토크쇼, 나눔의 시간, 결단문(소감문) 작성

강사만 말하게 하지 마라! 참가자들이 수련회 전 기간 동안 그들의 생각과 마음, 영적 상태에 대해 이야기하고 표현할 수 있는 의사소통의 통로와 장을 열어놓고, 교회 사역자들과 상담자들은 그것에 수시로 민감하게 체크하며 반응해야 한다.

집회장에 포스트잇을 제공하고 프로그램마다, 시간 날 때마다 참가자들의 반응을 메모하게 하라. 신앙주제를 정하고 참가자들끼리 자유롭게 생각과 마음을 나누는 일종의 토크쇼 시간을 가지도록 하라. 그리고 마지막 날에는 꼭 참가자들이 캠프(수련회)에서 느끼고 깨닫고 결단한 점을 적어 자유롭게 전체 앞에서 발표할 수 있는 시간을 주라. 이 시간만큼은 듣기만 했던 참가자들이 드디어 '설교'하는 시간이기도 하다.

자신의 입으로 고백한 한 번의 내용은 백번 들은 설교보다 더 참가자 본인의 마음에 더 큰 울림을 남기게 되고, 그 고백을 듣는 다른 참가자들에게도 적지 않은 영향력을 주고, 본인도 그렇게 고백한 대로 살도록 노력할 것이다. 동시에 결단문(소감문)을 통하여 이번 캠프가 참가자들에게 어떤 의미와 깨달음과 은혜가 있었는지를 지도교역자와 상담자가 확인하는 시간이기도 하다.

4.3. 정직한 질문과 정직한 답변

집회를 마치고 강사(지도교역자, 상담자, 집회강사, 특강강사)에게 꼭 던지고 싶은 질문을 모아 답변하는 시간을 가지라! 평소에 성경과 신앙, 교회, 삶, 여러 부분에 대해 궁금했던 점을 모아 답변하는 시간을 가져도 좋다.

예비 의료인과 의료인들을 섬기는 한국누가회(CMF)에서 사역할 때 지금도 기억에 남는 프로그램이 있다. 일주일의 전국수련회를 마치고 마지막 날에 "정직한 질문과 정직한 답변"이라는 시간이 있다. 역사와 전통을 자랑하는 고정 프로그램이다. 참가자들은 강의, 집회, 성경공부, 신앙생활의 전반, 신학, 이성교제, 진화론과 창조과학 등의 궁금한 점을 모두 질문지로 낸다. 그러면 그 질문지를 모아 중복되는 것을 빼고 대부분의 질문에 목사님과 간사님이 답변하는 시간을 가진다. 평소 조별 모임에서는 할 수 없는 다양하고 황당한 질문들이 쏟아져 나온다.

목사님과 간사님들이 거기에 최선을 다해 답변하는 시간을 가지는데 의외의 피드백을 받은 적이 있다. 즉, 성경과 기독교에 호의적이지 않았는데 친구 따라 그냥 왔지만 자신의 궁금한 질문(이런 질문도 가능할까?)을 자유롭게 던질 수 있고, 그것을 존중하고 최대한 답변하려는 목사와 간사님들의 노력에 기독교에 대해 좋은 감정과 호의를 가지게 되었다고. 그리고 그것을 계기로 그 친구가 주님을 만나고 주님께 헌신하는 친구가 되었다는 것이다.

설교와 강의(구원론, 성경강해, 성경공부)가 이 친구를 구원하고 변화시킨 직접적 계기가 된 것이 아니라, 그의 황당한 질문까지도 받아주는 이 프로그램(정직한 질문과 정직한 답변)의 정신과 의도, 넉넉한 배려 때문이 아니었을까? 이만큼 참가자들이 말할 수 있게 하고 질문하게 하는 프로그램이 얼마나 중요한지를 새삼 깨닫는 시간이었다. 알차고 감동적인 캠프(수련회)는 상호소통하는 공간임을 잊지 말자.

다음은 한국누가회 전국학생수련회 때 실제 나왔던 다양한 질문들이다.

- ▶ 진짜 믿는지 어릴 때부터 교회 다니면서 세뇌를 당해서인지 어떻게 구분하죠?
- ▶ 하나님은 왜 어떤 기도를 응답하고 어떤 기도를 듣지 않나요?
- ▶ 해외선교 의료봉사 때 기독교의 배타성(절대 진리)과 타문화권의 종교와 문화를 어떻게 배려해야 하는가요?
- ▶ 하나님이 아신다면 모든 것은 운명적인가요?
- ▶ 믿고 싶은데 기적과 과학을 비교해 보면 잘 안 믿어져요.
- ▶ 죄짓고 회개하면 모든 죄가 용서되나요? 말이 안 됩니다.
- ▶ 조선시대 사람들은 하나님을 접할 수 있는 기회가 없었는데 그 사람

들은 다 지옥에 갔나요?

▶ 노아의 홍수 때 식물들은 다 살아 있었나요?

▶ 낙태된 아기들은 지옥에 가나요?

▶ 사탄은 언제부터 존재했나요?

▶ 외할머니를 전도 중인데 택자와 비택자가 정해졌다면 굳이 전도를 할 필요가 있나요?

4.4. 평가 피드백

캠프와 수련회가 마치면 교회 사역자는 꼭 참가자들에게 피드백을 받아야 한다. 4점이나 5점 척도, 주관식의 질문도 필요하다. 왜냐하면 이를 통해 참가자들의 다양한 반응을 알게 되고 파악된 오류와 시행착오를 수정하여 다음 캠프(수련회)에서는 더 완성도 있게 진행할 수 있기 때문이다.

그냥 좋은 것이 좋았다는 식으로 마치면 안 된다. 참가자들이 말하지 않지만, 다 생각이 있고 나름의 평가를 하고 있다. 그것을 밖으로 끌어내는 것이 필요하고 캠프(수련회)가 업그레이드되려면 지도교역자와 상담자는 반드시 그 피드백을 꼼꼼히 살피고 정리할 필요가 있다. 그 자료에 기초하여 다음 캠프(수련회)를 보다 더 발전적으로 기획하고 준비하는 데 적잖은 도움이 된다. 또한 수년간 모아진 자료를 통계화(수치화)하여 참가자들이 어떻게 반응하고 변화되고 있는지도 파악할 수 있다.

사역자의 입장에서 평가를 받는 것이 어려울 수도 있지만 꼭 필요한 과정이다. 설문조사를 하면서 유의해야 할 사항은 참가자들이 평가할 때 있는 그대로 평가하지 않는다는 것도 감안해야 한다. 교회를 출석하는 아이들(청소년, 청년)이 자신의 마음을 100% 노출하지는 않는다. 그래서 사역자는 그들의 말을 잘 해석해야 한다.

너무 좋았다 → 좋았다.

좋았다 → 보통이다.

안 좋다 → 너무 안 좋다.

너무 안 좋았다 → 최악이다.

참가자의 표현을 한 단계 낮추어 본다면, 참가자의 반응을 어느 정도 정확하게 판단하고 헤아려 보는 것이 아닐까? "좋았다, 아주 좋았다"는 표현이 사실은 정확한 평가라기보다는 사역자와 상담자에 대한 참가자들의 배려와 미안함이 들어 있다는 것을 기억하면서 평가해야 한다. 그렇다면 "보통이다"는 어떤 의미로 보아야 하는가? 별로 안 좋다는 의미일 수도 있다. 그리고 "너무 안 좋다"는 표현은 사실 극단적인 표현일 수 있다. 참가자들의 속마음으로 들어가 본다면, "나는 상처 받았어요, 다음 캠프(수련회)에 다시는 안 올 거예요"라는 의미도 될 수 있으므로, 담당사역자는 피드백을 면밀하게 분석하고 파악해서 고려해야 할 것이다.

5. 참가인원을 고려하라

교회마다 교회에 출석하는 부서의 인원이 다양하다. 선택은 자체적으로 할 것인가? 위탁캠프를 할 것인가? 작은 교회끼리 연합캠프를 할 것인가? 자체와 위탁캠프를 겸용할 것인가? 이 4가지 중 하나를 선택해야 한다. 각 교회의 인원에 맞는 적절한 집회 형태가 요구된다.

5.1. 자체적으로 진행하기

교회 스스로 캠프와 수련회를 진행하기로 했다면, 참가인원에 맞는 일정표와 운영이 필요하다. 작은 교회에서 캠프와 수련회를 진행할 때 저지르는 실수는, 교육부서의 출석인원이 10명 정도인데 찬양팀을 너무 많이 꾸리는 것이다. 찬양팀에서 6~7명 정도가 빠지면 정작 앉아 있는 친구는 3~4명이라서 너무 썰렁한 경우가 있다. 인원이 적은 소형교회는 꼭 집회 형태로 운영하지 않아도 된다. 인원이 적을 때는 찬양팀을 최소화해 반주자 1명, 싱어 1명, 인도자 1명으로 하고 자리배치도 참가자들이 앞으로 보고 앉는 것이 아니라, 서로를 보며 찬양할 수 있도록 동그랗게 앉게 한다. 이 형태가 훨씬 아기자기한 분위기로 찬양도 살고 강사에게 집중하기도 좋다. 강사도 참가자들의 눈을 맞출 수 있고, 이야기 형태의 설교(대화식 설교)도 좋은 커뮤니케이션 방안이 될 수 있다.

좋은 찬양은 큰 스피커의 음향에 참가자들의 목소리가 묻히는 것이 아니라 스스로의 목소리를 들으면서 찬양하는 것이다. 스피커 음향을 줄이고 참가자들의 목소리가 더 크게 들리도록 반주하고 인도하라!

〈그림1〉 작은 교회의 집회장 인원 배치도

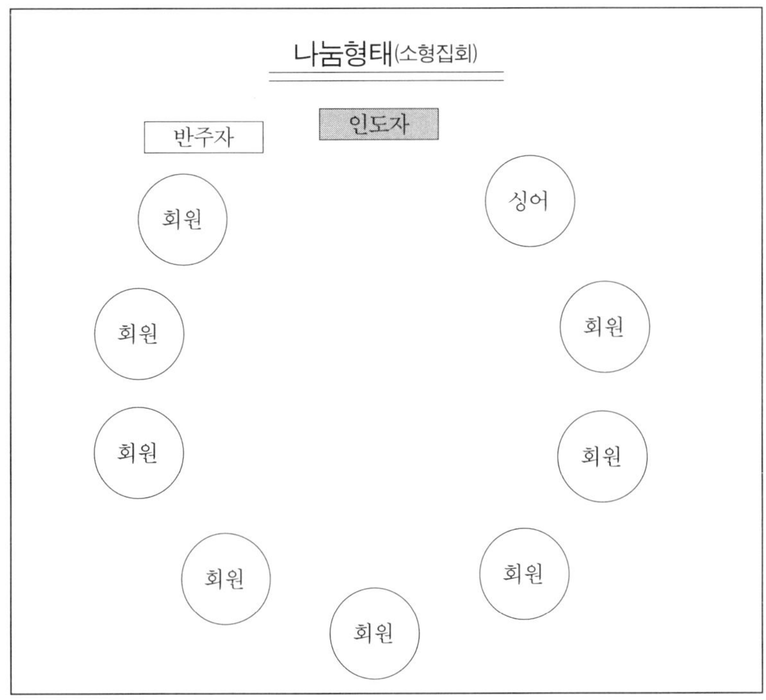

■ 10명 이하

10명 이하의 인원이 집회 형태의 캠프와 수련회를 가지기에는 무리가 있다. 하지만 인원이 적기 때문에 큰 교회가 할 수 없는 작은 교회만이 도전할 수 있는 캠프도 있다. 예를 들면, 그 인원에 봉고 한 대면 어디든 떠날 수 있다. 7번 국도를 타고 강원도로 올라가기, 제주올레길 또는 남해바래길 코스 일주 여행, 서울 박물관 탐방, 전국의 순교자 묘지 탐방 등이 있다. 대규모의 인원은 어디로 자유롭게 이동하는 것이 쉽지 않지만, 10명 미만의 교회는 차량(기차, 시외버스, 대여차량도 가능)만 있으면, 어디든 이동하고 활동적인 야외활동 탐방 캠프가 가능하다. 꼭 캠프(수련회)를 집회장에서 정해진 공간에서만 해야 한다는 고정관념을 버리라! 작은 교회이기 때문에 가능한 열려진 창의적 캠프를 고민하고 만들어 보자.

소규모 인원의 캠프는 식당, 배식팀이 따로 없을 가능성이 많다. 그렇기 때문에 식사를 프로그램의 일환(같이 고기와 소시지를 구우면서, 김밥을 싸면서, 라면을 끓이면서)으로 운영해 보는 것도 좋은 아이디어가 될 수 있다. 같이 식사를 만들어 먹는 시간만큼 서로 익숙해지고 친근해지는 시간은 없는 것 같다. 심리상담 전문가들의 말에 따르면, 같이 밥을 먹는 것은 인간관계 가운데 친밀감을 가장 높이는 단계이다. 그래서 식사야말로 어떻게 보면 많은 사역자들이 놓치고 있는 서먹한 관계를 열고 푸는 데 가장 좋은 프로그램 중의 하나가 아닐까?

■ 20~30명대

어떻게 보면 가장 애매한 규모일 수도 있다. 봉고차 한 대로 떠나기에는 인원이 많고 자체적으로 각종 팀을 꾸려서 하기에는 한계(분위기)가 있다. 그렇다고 위탁캠프에 보내기에는 인원이 결코 적지 않다. 아마 한국 교회에서 가장 보편적인 규모(주일학교, 청소년, 청년)가 아닐까? 이런 경우에는 자기 부서만이 아니라 교회 안의 타부서와 청 · 장년 교인들의 도움을 꼭 얻어야 한다. 자기 부서의 자원만으로 캠프(수련회)를 꾸려가기에는 한계가 있기 때문이다. 참가자들이 프로그램에 집중하기 위해 평소에 우리 부서는 아니지만 우리 부서를 도와줄 분들을 미리 미리 섭외하고 도움을 요청하고 준비시키는 것이 필요하다. 이런 규모의 교회는 부서가 서로 도와줘야 하기 때문에 캠프(수련회)의 일정이 서로 겹치지 않도록 교회에서 전체적으로 조율해야 한다.

■ 40~100명대

이 정도 인원은 중 · 대형급 교회에서 출석하는 부서 규모이다. 찬양팀도 어느 정도 규모 있게 운영되고 섬기는 교사도, 예산도 넉넉하게 확보되어 있다. 담당 부서를 지도할 교역자도 따로 있다. 그러나 작은 교회는 지도교역자가 아예 없거나, 있다고 해도 여러 교육부서를 한 명의 교역자가 책임지고 있다.

그리고 무엇보다도 위탁캠프(수련회)에 보내지 않고 담당사역자의 사역철학과 주제에 맞게 캠프(수련회)를 기획하고 운영할 수 있다. 위탁하는 것이 편하겠지만 자기 교회 학생들의 필요와 요구를 가장 잘 알고 채워 줄 수 있는 분들은 자기 교회 상담자(교사)와 사역자가 아니겠는가? 대형 위탁캠프에서 우리 아이들을 섬세하게 돌보고 상담해 주겠는가? 중형급 이상의 교회는 캠프(수련회)를 섬겨줄 수 있는 좋은 자원들이 교회에 적지 않다. 담당사역자가 좋은 자원들을 잘 발굴하고 좋은 진행팀(스탭, 상담자, 찬양팀, 배식팀, 지원팀)을 꾸려서 진행한다면, 본인의 교회만이 할 수 있는 독특하고 차별화된 캠프(수련회)가 가능할 것이다.

5.2. 위탁 캠프(수련회)에 보내기

교회의 여건상 위탁캠프에 우리 부서가 가야 한다면 어떤 캠프(수련회)에 보내야 하는가? 그것에 대한 나름의 기준을 제시한다.

첫째, 너무 많은 인원을 모집하는 곳[17]에 보내지 않아야 한다. 자

17 점증하는 이용자들의 요구와 재정 자립이라는 현실적 과제가 맞물려 캠프장의 크기와 수용인원을 계속 늘리게 되었다. 이렇게 되자 참가자들과의 개별적인 교제와 참가자들의 욕구가 무시될 수밖에 없게 되어 최상의 서비스를 제공할 수 없게 되었다. 결국 캠프의 원래 목적과 의미를 의심하게 된 지경에 이르렀다. 전국재 외, 『야외집단활동 지도론: 조직캠프를 중심으로』 (서울: 예영, 1998), 28.

칫 그런 데는 수익을 목적으로 하는 곳일 수도 있다. 너무 많은 인원이 오면 숙소나 강당에 아이들을 수용하기에는 한계가 있어 생활적으로 불편할 수 있다. 대규모 인원으로 운영하기 때문에 다양한 선택 프로그램이 없이 오로지 강의와 집회 위주로 진행되는 약점을 가진다. 가능하다면 100~200명 사이의 중규모로 모집하고 숙소나 강당이 여유 있게 확보된 단체에 보내는 것이 좋다.

둘째, 검증된 캠프(수련회)에 보내야 한다. 우리 아이들을 보내야 하는 그 단체의 역사가 어떻게 되는지, 어떤 목적에서 운영하는지, 건전한 교단 안에 있는지, 캠프에 대한 철학과 운영 노하우가 있는지에 대한 점검이 필요하고, 모시는 강사와 집회모임이 복음적이고 성경적인지 확인해야 한다. 그리고 이미 작년에 참석한 교회들이 있다면 그 피드백을 살펴보는 것이 캠프를 선택하는 데 도움이 될 것이다.

5.3. 작은 교회 연합 캠프(수련회)

자체적으로 진행하기에 너무 인원이 적은 교회들을 모아서(4~8개) 연합으로 진행하는 방안도 생각해 볼 수 있다. 그러면 각 교회가 감당해야 할 영역들을 배분하고, 합쳐진 예산으로 좀 더 좋은 장소와 좋은 강사를 모시고 규모의 시너지(집회 분위기)를 기대할 수 있다. 다른 교회와 건전한 경쟁(?)도 이루어지기 때문에 훨씬 긴장감과 재미도 더불어 올라가는 장점을 기대할 수 있다. 단, 여러 교회가 연합하기 때문에 준비기간을 넉넉하게 하고 준비모임을 자주 하도록 해야 한다. 그만큼 맞추고 상의해야 할 내용들이 적지 않기 때문이다.

5.4. 하이브리드로 참가하기(자체캠프 ←—→ 위탁캠프)

인원에 관계없이 자체적으로 진행하고, 자기 학생들을 가장 잘 아는 담당사역자가 기획하고 운영하는 캠프가 제일 좋은 캠프라는 것은 두말 할 나위가 없다. 그러함에도 중 · 대형수련회가 가지는 장점이 아예 없는 것도 아니다. 특별히 잘 훈련된 찬양팀이 세션별로 잘 구성되어 있고 많은 인원이 함께 뜨겁게 찬양하는 모습 가운데 참가자들이 하나님 나라의 웅장함을 체험할 수 있다. 소규모 찬양으로 은혜 받을 때도 있고 규모 있는 찬양을 통해 은혜 받을 때도 있다.

또한 대형수련회는 검증되고 뛰어난 강사들을 통해 깊이 있는 메시지를 전달한다. 그래서 무조건 중 · 대형수련회를 완전히 배제하고 참가자들을 위탁하는 것을 무조건 반대할 필요는 없다. 소규모 교회는 3~4회 정도는 자체적으로 진행하고 1회 정도는 검증된 위탁캠프로 보내는 것도 참가자들이 균형 있는 관점을 가질 수 있게 한다. 지역 교회는 여러 곳이라도 궁극적으로 주님의 지체로서의 교회는 공교회이고 하나이기 때문이다.

프로그램을 진행하고 의미를 꼭 설명하라

일반적으로 캠프(수련회)는 많은 프로그램이 진행된다. 그런데 프로그램이 운영되는 것만으로 그치면 안 되고 왜 이 프로그램을 하는지에 대한 분명한 목적과 이유를 피드백해 주는 것이 필요하다. 단위별로 해 주든지, 그날 하루의 프로그램을 모아서 해 주든지, 마지막 날 전체적으로 해 주든지 피드백을 해야 한다. 프로그램이 시간을 때우는 것만의 용도가 되어서는 안 된다. 그 프로그램의 의미를 전달하는 순간 참가자들에게 메시지가 되는 것이다. 집회만이 메시지를 던지는 것이 아니고 활동을 통해 몸으로 체득되는 것도 참가자들에게는 잊히지 않는 소중한 메시지가 되는 것이다.

'보물상자'를 하면서 협동놀이 프로그램으로 자주 애용되었던 프로그램 5가지(주제는 공동체, 믿음, 선교, 관계)가 있다. 이 프로그램을 어떻게 준비하고 진행하고 피드백하면 좋은지 설명해 보겠다. 각 교회의 캠프(수련회)에서도 적용해 보면 좋을 것이다. 결코 어렵지 않으면서도 참가자들에게 주는 메시지는 명확하고 울림이 있다.

1. 조각 맞추기

〈준비물〉 4가지 조각

퍼즐문제 50개 지시지, 맞춘 조각을 그릴 종이, 펜

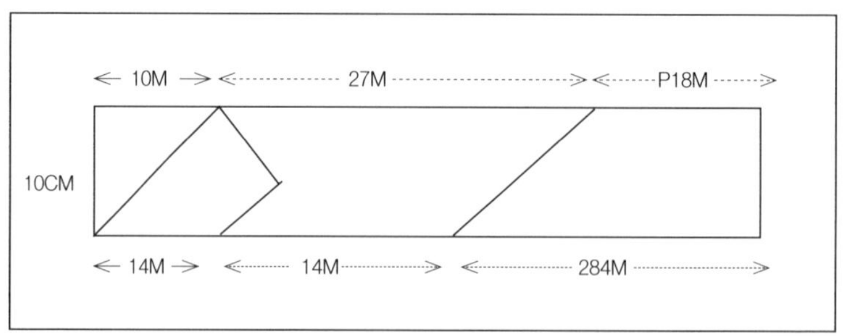

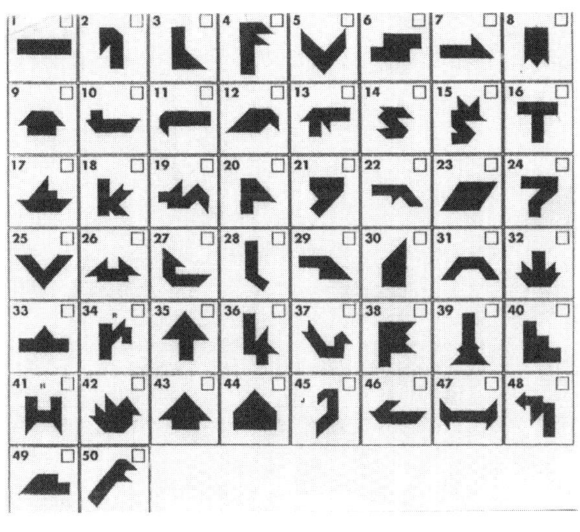

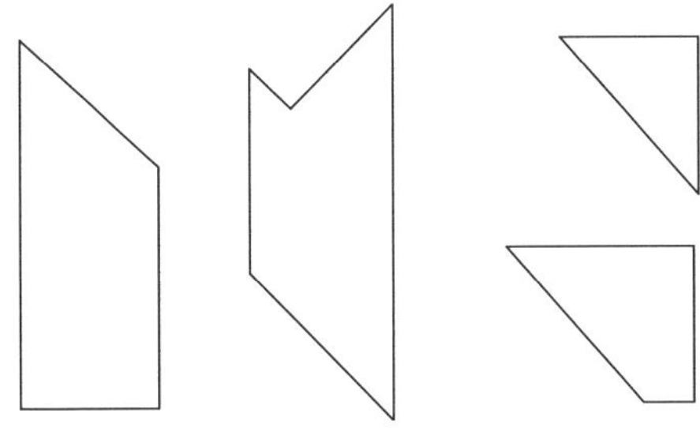

〈진행 방법〉

조별로 1세트(4조각)를 주고 제한된 시간 안에 지시지에 그려진 조각을 많이 맞추도록 한다. 1세트로 50가지의 모든 문제가 맞추어진다. 50개 퍼즐 지시지는 건물이나 야외 여러 곳에 설치해서 조(조원들이 함께)가 돌아다니며 협력해서 맞출 수 있도록 한다. 제한 시간이 끝나고 가장 많이 맞춘 조에게 시상을 한다.

〈제작 방법〉

골판지나 보드지로 크기에 맞추어 제단하면 된다.

〈피드백〉

4가지 조각 중 가장 삐쭉하고 안 예쁘게 생긴 조각이 있다. 중간조각이다. 그런데 이 조각이 가장 중요하다. 이 조각이 어떻게 자리를 잡느냐에 따라 많은 경우의 조각이 맞추어진다.

마찬가지이다. 우리 공동체에 성격이 거칠고 삐딱하며 날카로운 성향이 있는 친구들이 있을 수 있는데 저런 애가 왜 있을까 생각하겠지만, 그런 친구들이 도리어 함께하고 제대로 자리를 잡으면 우리 공동체가 더 아름답게 자리 잡고 부흥할 수 있다. 그 친구가 우리 부서를 새롭게 하고 변화시키는 결정적인 키가 될 수 있다는 것을 잊지 말아야 한다.

가장 작은 조각이 있다. 다른 조각에 비해 훨씬 작다. 하지만 다른 조각들이 크고 잘나도 이 작은 조각 하나가 없으면 50가지 조각의 어떤 것도 맞출 수 없다. 친구들 중에 자신의 조건이나 상황이 내세울 만한 것이 하나도 없는 친구들이 있다. 하지만 왜소해 보이고 약하게 보이는 그 지체가 우리 공동체에서 없어서는 안 되는 필수적인 존재라고, 그 친구가 없으면 우리 공동체는 불완전한 공동체라고 오늘 프로그램은 도전한다. 그 한 명을 소중하게 여기고 사랑하고 그 친구가 자리를 잡도록 배려하고 손을 내밀고 함께하는 공동체 되기를 바란다.

〈관련 구절〉 고린도전서 12장 12-13, 22절

12몸은 하나인데 많은 지체가 있고 몸의 지체가 많으나 한 몸임과

같이 그리스도도 그러하니라 13우리가 유대인이나 헬라인이나 종이
나 자유자나 다 한 성령으로 세례를 받아 한 몸이 되었고 또 다 한 성
령을 마시게 하셨느니라 22그뿐 아니라 더 약하게 보이는 몸의 지체
가 도리어 요긴하고

〈관련 찬양〉

형제의 모습 속에 보이는

야곱의 축복(너는 담장 너머로 뻗은 나무)

2. 떨어지는 계란 구조물로 받기

〈준비물〉 A4 종이 한 장, 요구르트 빨대 7개, 휴지3장, 종이테이프 30cm, 생계란, 저울추와 실, 사다리(2m 높이에서 떨어뜨리기 위해 필요), 노란종이테이프(낙하지점 표시용), 걸레, 휴지통(깨진 계란담기)

〈그림2〉 구조물로 떨어지는 계란 받아내기

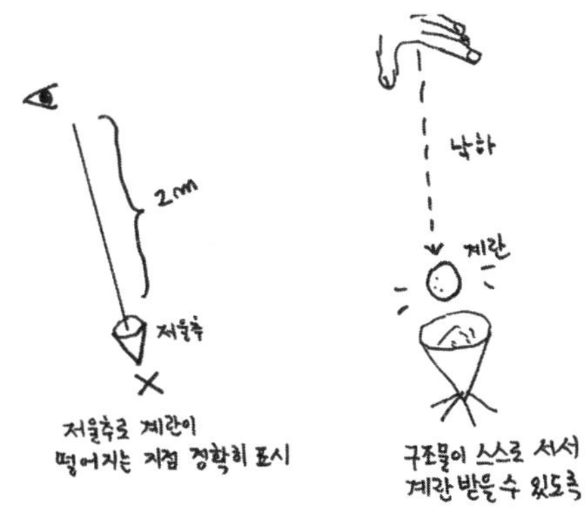

〈진행 방법〉

사다리의 2m 지점에서 정확하게 낙하지점에 계란이 떨어지도록 저울추를 가지고 측정하여 떨어지는 목표지점을 표시한다. 조별로 1세트를 주고 제한된 시간(20~30분 정도) 안에 계란이 깨지지 않고 받을 수 있도록 구조물을 만든다. 사람이 잡고 있으면 안 되고 스스로 서 있을 수 있도록 구조물을 만들어야 한다.

〈피드백〉

종이, 빨대, 휴지, 종이테이프는 그냥 쌓아놓으면 어떤 높이에서든지 떨어지는 날계란을 결코 받을 수 없다. 그런데 이것들이 서로를 의지하고 연결되고 묶이고 하나의 구조가 될 때 2m 높이에서 떨어지는 계란도 능히 받아낼 수 있다. 필요 없는 것이 없다. 모여만 있는 것이 아니라 나의 작은 힘이라도 합치고 고민하며 함께 세워지면 공동체는 우리가 기대한 것 이상의 능력을 보여줄 수 있다. 함께하는 것이 너무나 중요하다. 우리 부서는 한 몸이다.

〈관련 구절〉 전도서 4장 12절

한 사람이면 패하겠거니와 두 사람이면 맞설 수 있나니 세 겹 줄은 쉽게 끊어지지 아니하느니라

〈관련 찬양〉

주 안에 우린 하나

3. 바디매오 체험하기

〈준비물〉 안대

〈진행방법〉

눈을 가린 친구의 손을 잡고 그 친구를 따라 수련시설이나 동네를 한 바퀴 돈다. 절대 안대를 벗거나 눈을 뜨면 안 된다. 전적으로 인도자인 친구를 의지하고 목적지까지 도달한다. 코스 중간 중간에 둘이서 감당해야 할 미션이 있다. 그 미션을 하면서 목적지에 도착한다.

〈피드백〉

눈이 보이지 않는 사람은 눈이 보이는 친구를 의지하는 것이 너무나 중요하다. 그 친구를 믿지 못하면 한걸음도 나아갈 수 없다. 내 눈에 보이지 않지만 그 친구가 나를 인도하고 목적지까지 인도한다. 그 친구를 전적으로 의지하고 신뢰하는 것이 너무나 중요하다. 우리의 눈에 보이지 않지만 주님이 계신다. 인생의 어떠한 길에서도 주님은 우리를 인도하신다. 믿음으로 당신은 주님을 의지하며 따라가고 있는가? 피드백 후에 인도자와 체험자 모두가 느낀 점을 나눈다.

〈관련 구절〉 히브리서 11장 6,8절

6믿음이 없이는 하나님을 기쁘시게 하지 못하나니 하나님께 나아가
는 자는 반드시 그가 계신 것과 또한 그가 자기를 찾는 자들에게 상
주시는 이심을 믿어야 할지니라 8믿음으로 아브라함은 부르심을 받
았을 때에 순종하여 장래의 유업으로 받을 땅에 나아갈새 갈 바를 알

지 못하고 나아갔으며

〈관련 찬양〉

나의 가는 길 주님 인도하시네

4. 인디언 캠프파이어

4.1. 추장꾸미기

■ 준비: 조원 중 가장 추장다운 사람을 선출한다. 또는 조장이 한다.

■ 방법: 가지고 있는 모든 것과 자연물을 이용해 멋진 추장을 만든다. 각 조별로 추장 패션쇼를 한다.

■ 평가: 액션과 소리 지르기, 가슴 두드리기 등 기병에 맞서는 추장의 모습

4.2. 점화

■ 준비: 조원들이 인디언 춤 연습을 하는 사이 추장들은 횃불을 어떻게 들고 들어오는지와 무엇을 해야 하는가를 스탭들에게 배운다.

■ 방법: 추장들 횃불을 들고 줄지어 입장하여 장작에 주변에 원을 그리고 선다. 추장들의 '한마디 외침'을 들은 후 전체의 "하나, 둘, 셋 파이어"란 함성과 함께 점화한다.

4.3. 인디언의 몸부림

■ 준비: 인디언들이 신나는 음악에 맞추어 조원이 함께 불 주위로 모여 댄싱을 한다.
■ 방법: 1조가 2바퀴 돌며 댄싱을 마치면 바로 이어 2조가 댄싱을 하고 마지막 조까지 원을 그리며 춤추며 돈다.
■ 평가: 멋진 댄싱과 팀웍

4.4. 사냥대회

■ 준비: 곰, 사자, 노루, 토끼 쪽지가 20개씩 든 우편봉투를 조당 1개씩 준다.
■ 방법: 우리 조원이 캠퍼들만 사냥한다. '가위 바위 보'를 해서 이긴 사람이 상대가 가진 쪽지를 맞출 기회를 갖는다. 맞추었다면 상대방의 것을 빼앗아 추장에게 가져다주고 못 맞추었다면 상대에게는 틀렸다라고 말하고 쪽지를 살짝 보여주고 헤어져 다른 사냥감을 고른다. 빼앗긴 캠퍼는 엉금엉금 기어 추장에게 가서 '제발 기회를 주세요'하고 다른 동물 표를 받아 사냥에 나선다. 스탭들은 뿅망치를 들고 다니다가 쪽지를 빼앗겨 기어다니는 사람들을 때려준다.
■ 평가: 10분간 사냥하고 각 조가 가지고 있는 동물의 수를 센다. 가장 많이 사냥한 조가 이긴다. 시간에 따라 2회전, 3회전을 할 수 있다. 결과는 최후까지 가장 많이 사냥한 조가 승리한다.

4.5. 하나의 부족

- 준비: 굵기는 새끼손가락, 길이는 30cm 정도의 나뭇가지를 조별 수만큼 준비한다.
- 방법: 아프리카에서 5년간 사역하고 너무나 지친 선교사가 이젠 떠나려 한다. 그때 등장하는 멀리로부터 온 부족연합 대표 - 나뭇가지 하나하나는 한 부족을 나타내는 추장의 상징이다. 전체 부족회의에서 결정한 것 - 우리는 그리스도를 전하는 선교사님이 필요하다. 떠나지 말라.
- ACTION - 나뭇가지(한 부족의 상징)를 불에 던진다. - 그리스도 없이 죽어가는 인디언들(부족민들)의 모습을 연상하게 하며 각자 손에 쥐고 있는 나뭇가지를 불에 던진다.

4.6. 화해하기 및 마무리

〈준비물〉

장작, 회 - 긴 막대, 솜, 철사, 석유, 북, 뿅망치, 음향(댄싱곡)

〈피드백〉

정신없이 즐기는 신나는 야외협동놀이 프로그램이라고 참가자들은 생각할 것이다. 꾸미고 춤도 추고 사냥도 하고 작은 캠프파이어도 있다. 그러나 마지막은 사냥과 전쟁이 아니라 극적인 화해로 마무리되고 아프리카에서 선교하시는 선교사님과 추장들의 역할극을 통하여 선교사님의 그 수고와 헌신이 헛되지 않고 열매 맺음을 보여 준다. 흔한 공동체놀이 같지만 선교와 십자가의 화해에 대한 실제적인 메시지를 참가자들에게 던지고 있는 것이다.

〈그림3〉 인디언 캠프파이어 활동 모습

5. 관계훈련

〈준비물〉 관계훈련 지시문

〈진행 방법〉

실내에서 동성을 두 사람씩 짝지어 앉게 한다. 지도자가 지시문에 따라 지시하는 그대로 2인 1조가 따라하게 한다. 13단계를 차례로 진행한다. 모든 순서를 마치고 경험한 것을 발표하는 시간을 가진다. 마지막으로 서로를 축복하는 시간을 가진다.

〈피드백〉

관계훈련을 통해 그동안 내가 알았던 친구가 너무나 달라 보이는 것을 느끼게 될 것이다. 우리는 서로를 피상적으로 알면서도 잘 안다고 착각할 수 있다. 우리 친구의 외모, 성적, 성격, 형편과 상관없이 이미 주님의 형상을 닮은 소중한 존재임을 잊지 말자. 너와 나 사이를 갈라놓는 오해, 질투, 미움이 아니라 서로를 배려하고 이해하고 사랑함으로 그 관계 속에서 주님의 기뻐하시는 한 몸 된 공동체를 이루어가자!

〈관련 구절〉 시편 139편 14절

내가 주께 감사하옴은 나를 지으심이 심히 기묘하심이라 주께서 하시는 일이 기이함을 내 영혼이 잘 아나이다

〈관련 찬양〉

형제의 모습 속에 보이는 하나님 형상 아름다워라

관 계 훈 련

지시문 (인도자가 읽으면서 따라하게 하세요)**※94쪽까지 이어집니다.**

나라는 혼자가 너라는 그대를 만나서 우리라는 공동체를 만들어 가는 것

나도 알고 너도 알아 **공통분모**	나는 알고 너는 몰라 **비밀의 방**
너만 알고 나만 몰라 **소문과 평판의 방**	나도 몰라 너도 몰라

① Eye to eye

눈은 마음의 창이라고 했습니다. 그 사람의 마음이 눈에 나타납니다.

② Face to face

얼굴과 얼굴을 맞대고 마주보고, 얼굴은 그 사람의 이미지를 표현해 줍니다.

③ Feeling to feeling

눈을 감고 느낌으로, 느낌과 느낌으로.

이제 서로 짝을 만들어 보세요, 제가 말하는 것 외에는 아무도 이야기해서는 안 됩니다. 오직 행동으로만 옮겨 주세요.

- 마주 보고 잘못 걸렸다.
- 이름을 불러주세요.

하나님이 인간을 처음 만드시고 아담을 부르셨을 때, 해리가 샐리를 만났을 때, 우리는 누군가 나의 이름을 부르는 것을 통해 자신의 의미를 깨달을 때가 있습니다. 김춘수 님의 '꽃'이라는 시가 있지요. 내가 너를 불렀을 때, 너는 나에게로 와 꽃이 되었다. 세상의 가장 아름다운 음악은 그대의 이름을 불러주는 것이다.

서로의 눈을 보세요.

- 그냥 / 서로 눈빛을 피하지 말고 바라보세요.
- 눈의 대화 / 30초 동안 하고 싶은 말을 눈으로 하세요.

(눈빛만 봐도 알잖아, 벌써 통하는 사람들이 있어요. 어떤 팀은 불꽃이 튀어요.)

시간이 차이

서로의 대화가 통하는 사람

통하니깐 기분이 좋다. 통하는 부모님. 통하는 전도사님

느낌으로 고백해요.

눈을 살포시 내려 감고(눈빛을 감당할 힘이 없습니다.)

모든 시간을 눈을 감고 느끼는 시간

내 앞의 친구를 느끼세요. 터치 없이 냄새로 느끼세요. 오감 육감으로 느끼세요.

오감으로 옮깁시다. 그 친구의 냄새를 기억하세요. 낯선 여자에게서 내 남자의 향기가 난다. 이 프로그램은 눈을 뜨면 성공할 수가 없습니다.

친구의 손을 잡아주세요.

손바닥 방향 손바닥이 위 / 적극적인 사람이네요.

손바닥 방향 아래 / 순종적이고 수동적인 사람입니다.

- 그 친구의 맥박을 느끼세요. 진맥하라는 얘기가 아닙니다.
- 친구의 손금을 만져보세요.
- 손등을 만져주세요. (너무 세게 만지면 때가 나옵니다.)
- 손의 두께(웬 발이 이리 곱지?)
- 손을 대 보세요. (누가 더 큰가?)
- 손을 놓으세요.

눈을 뜨지 말고 서서히 이마를 마주 대세요.

절대 떼면 안 됩니다.

(염려하지 마세요! 여드름은 전염병이 아닙니다. 친구와 친구가 만나니깐 훌륭한 맷돌이 되었습니다.)

그 친구가 조금 전 느끼지 못했던 호흡소리를 느끼세요.

그 친구의 얼굴을 그려보세요. (매력 포인트)

그 친구의 얼굴을 만져보세요. (동굴탐험 금지)

서서히 눈을 뜨면서 친구의 얼굴을 확인하세요.

웃는 이유는 ① 쑥스럽고 겸연쩍다. ② 대화를 나누지 않았다. ③ 파트너의 얼굴이 너무 웃기게 생겼다. 하나 둘 셋과 함께 친구의 매력 포인트를 잡아주세요.

그렇습니다. 여러분은 매력적입니다. (어떤 친구는 뒤통수를 만지시는군요.)

세계 미녀를 만들기 위해 각 부위별로 모으니깐 괴물이 나왔다고 합니다. 여러분의 눈은 여러분의 얼굴에 가장 매력적입니다. 여러분의 매력 포인트를 가꾸십시오.

대화하는 시간

등을 맞대세요. (공중전화)

전화번호 아는 사람 - 친한 사람.

모르는 사람은 빨리 외우세요.

1분 동안 공중전화를 하세요. (정말 대단하군요. 저녁때까지도 가능할 것 같습니다.)

통화가 가능했습니까? 어떻게 가능했죠?

자갈치 시장의 시끄러운 길에서 지하철 구석의 귀뚜라미 소리가 들리는가? 동전을 던졌다. 다 쳐다본다. 왜 관심이 있기 때문이다.

단체사진을 볼 때 누구부터 볼까? 나.

남자 친구, 여자 친구와 함께 찍었다. 누구부터 볼까? 애인.

전화국 작은 소리도 크게 듣겠습니다.

관심이 있는 것은 크게 들리고 크게 보입니다.

거울놀이

거울 보듯이 따라 하기(손, 혓바닥, 인상, 히프)

30초 뒤에 임무 교대, 친구를 따라하기 쉬워요? 어렵죠.

우리는 친구가 따라 하길 원하고 따라해 주지 않으면 삐집니다.

샴쌍둥이

머리, 얼굴, 엉덩이, 발, 어디든 원하는 곳을 붙이세요.

하나 둘 셋 하면 붙이세요. 지금부터 절대 떨어지면 안 됩니다.

그 자리에서 한 바퀴 도세요.

떨어지면 안 되고 서서히 일어나세요. (발바닥을 붙인 친구는 못 일어나겠지요.)

서서 서서히 한 바퀴 돕니다. 살짝 점프하세요.

가장 높이 날아봅니다.

천천히 손을 땅바닥에 짚고 앉았다 일어나세요.

앉으세요. 샴쌍둥이는 평생 이렇게 살아갑니다. 굉장히 불편합니다. 과학이 발달해서 수술성공률이 높아지고 있습니다.

지금부터 분리수술을 시작하겠습니다. 하나, 둘 , 셋!

이제 자유입니다. 공동체 생활은 바로 이런 것입니다.

동물의 왕국

짖기(harking)

30초간 짖기 대화를 하겠습니다.

그러다 말다툼이 벌어지면 싸우기 시작합니다. (완전 개판이군요. 어떤 친구는 왕왕 어떤 친구는 깨갱)

정말 훈련된 개는 짖지 않는다. 사정권 안에 들어오기까지 이빨을 보이지 않는다. 사정권에 들어오면 단번에 문다. 우리는 개조심을 해야 합니다. (물릴까 봐, 밟을까 봐)

개와 달리기를 하면 안 됩니다. (지면/ 개만도 못한, 비기면/ 개 같은, 이기면/ 개보다 더한)

말타기(horse riding)

가위바위보를 해서 이긴 사람이 타세요

마음껏 30초간 타고 다니세요. (이랴 이랴)

역할을 바꾸어 주세요.

(우리는 말타기를 하면서 친구의 인간성을 보고 있습니다. 지가 무슨 ○○○○이냐? 철썩 철썩.

몸무게가 누르는 것은 스트레스. 하지만 여러분은 스트레스를 즐겼습니다. 북대서양의 어부 이야기 / 청어의 천적인 메기를 넣어 항상 살아있는 청어를 항구로 가지고 오는 이야기

다시 마주보고 귓속말로 하세요

(2가지/ 첫인상, 사귀어 보니깐 좋은 점)

귓속말을 두 사람만 남들이 들리지 않도록 하는 것입니다.

역할을 교대하세요.

행복합니까? 지난 몇 년 동안 이렇게 행복해질 수 있는 이야기를 못했다고 하는 사람들은 많이 만나게 됩니다.

여러분의 말은 친구를 죽이기도 하고 살리기도 합니다.

눈을 감아주세요. 혹시 내 마음에 아직까지 남아 있는 상처가 있는가? 눈에 보이지 않는 총은 없는가? 친구에게 동역자에게 가족에게 상처를 준 일은 없는가?

신비한 경험을 해 보겠습니다. 눈을 감은 채로 친구의 심장에 귀를 대어 보세요.

그 심장을 생각하며 그림을 그려주세요. 환상의 체험입니다. 좌우 심방이 피를 벌컥벌컥 쏟아내며 머리끝 발끝까지 실핏줄 하나하나까지 피는 여행을 합니다.

임무를 교대하세요.

혹시 여러분은 어머니 뱃속에서의 심장고동소리를 기억하십니까? 아이는 어머니의 모유를 먹으며 심장 고동소리에 정서적 안정을 느낍니다. 요즘 아이들은 소젖을 먹으므로 소처럼 들이 받습니다.

① 심장은 생명과 관계가 있습니다. 어릴 때는 빠르게 나이 들면 느리게 되고 멈추면 죽는 것입니다.

② 양심의 기능을 합니다. 컨닝을 할 때, 양심의 기능이 상실된 시대입니다.

③ 정서와 관계가 있습니다. "왁" 놀랬죠? 놀래키면 심장이 막 뛴다. 쇼킹하면 뛰고 몹시 아프면 빨리 뜁니다.

클래식은 고요합니다. 락은 흥분되게 합니다. 하나둘 하나둘로 걷는 게 아니라 하나둘 하나둘둘둘 . . . 이성을 잃는다. 요란한 락 음악, 현란한 조명, 매력적인 파트너라면 누구라도 실수할 수 있다. 심장박동 관리를 잘 하면 자기를 지킬 수 있습니다.

두 사람이 안으세요.

(손잡으며 세세세. 안으면 등 두드리기)

축복과 격려의 시간을 갖겠습니다. 서로를 축복라고 격려하는 말을 서로에게 해 주세요.

그리고 서로를 위해서 기도하는 시간을 갖겠습니다.

처음처럼 친구의 이름을 부르며 마치겠습니다.

세계에서 가장 이쁜 멋진 목소리로 사랑해, 라고 말해 주세요.

다 같이 축복의 박수!

이제 하이라이트입니다.

경험한 것을 발표하는 시간입니다.

30cm의 여행을 마쳤습니다. 머리에서 심장으로 가슴으로.

- 말하며 지내던 것보다 말 안하며 느낀 것이 더 친해진 것 같습니다.
- 말을 하면 그것으로 끝나지만 느낌으로 간직하는 것은 오래가는 것 같다.

감격하게 되면 모든 사람이 시인이 됩니다.

- 친구의 눈동자를 보며 그 눈동자 속에 내가 살고 있습니다. 마찬가지로 내 눈 속에 그 친구가 살아 있습니다.

- 친구의 심장소리를 들었습니다. 그러나 언젠가는 그 친구의 심장 박동 소리도 멈추겠지요?

이봐, 학생, 심장박동 소리가 멈춘 뒤의 세계를 생각해 봤나?

- 숨바꼭질은 찾는 겁니까? 숨는 겁니까? 찾아와 주지 않는다면 숨바꼭질은 외로운 경기입니다. 열을 셀 테니 숨어라. 장롱 속으로 소리 내며 숨는 아이를 찾는 아버지는 멍청한 녀석이라는 생각을 한다. 찾으려는 순간 문을 벌컥 열며 "아빠가 날 찾아 너무 기뻐!" 라고 기뻐하며 아빠를 안는 아이.

아! 숨바꼭질을 모르는 건 저 아이가 아니라 바로 나구나.

여러분의 마음들을 열어 놓으십시오. 너무 꼭꼭 숨지 맙시다.

고정관념을 깬 특별한 캠프(수련회)

1. 쉼 캠프

보물상자 임윤택 목사가 진행하셨던 실제 캠프이다. 주제가 쉼이다. 그래서 한 마디로 쉬는 것이다. 저녁집회 모임만 가지고 참가자 모두에게 자유를 주었다. 책을 읽든, 잠을 자든, 산책을 하든, 의무적인 사항이 없이 쉼을 가지는 것이다. 그런데 아무 프로그램 없이 그냥 쉼을 누리는 것인데, 그 수련회가 너무나 잊히지 않는 수련회가 되었다고 한다. 예수님은 우리를 프로그램으로 빡빡하게 돌리거나 몰아 부치거나 억압하지 않으신다. 도리어 쉼과 여유와 평안을 주시며 자유하게 해 주시는 분이다.

그렇게 자연 가운데 휴식과 쉼을 가지면서 내면에서 말씀하시는 주님을 더 깊이 체험하고 만나는 시간이었다고 한다. 쉼이라는 그 주제를 가장 완벽하게 실현한 프로그램이 아닐까? 프로그램을 위한 각종 준비물이 없어도 된다. 굳이 준비물이 있다면 자연 그 존재 자체이다.

2. 소록도 봉사 캠프(수련회)

저자는 10년 정도 매년 소록도를 갔다. 교회와 기관을 데리고 7년, 개인적으로 3년을 갔다. 그때는 다리가 없어 배를 타고 소록도에 들어가야 했다. 그러나 지금은 거금대교가 완공되어 편하게 갈 수 있다.

소록도에는 5개의 교회가 있다. 저자는 주로 소록도 동성교회에서 모임을 진행했다. 소록도 캠프(수련회)는 교회에서 저녁집회를 하면서 오전과 오후에 나병 환우들에게 봉사하는 시간을 가진다. 병원에서 자원봉사자 개념으로 목욕도 시켜드리고 성도들의 집에 가서 청소도 하고 식사도 대접하고, 교회 환경미화는 물론 지역청소도 한다. 그리고 새벽기도와 수요예배는 나병 환우 성도들이 드리는 예배에 함께 동참해서 예배를 드린다.

그런데 개인적으로 평생에 캠프와 수련회 사역을 하면서 가장 기억나고 가장 영향을 받았던 곳이 소록도이다. 소록도에 탁월한 집회 강사가 있는 것도 아니고 시설이 엄청나게 좋은 것도 아니다. 그럼에도 나병 환우들을 섬기면서 그분들의 삶을 통해 과연 믿음이 무엇인지, 신앙이 무엇인지를 실제적으로 경험하고 배우는 곳이 소록도 캠프(수련회)였다.

경남의 ○○교회 청소년들을 데리고 처음으로 소록도 캠프(수련회)를 갔을 때 나도 처음이라서 나병 환우들이 어떤 상태인지 잘 몰랐다. 그런데 첫날 아이들을 데리고 동성교회 앞의 할머니 집으로 우연히 들어갔다. 처음에 무척 놀랐다. 방안 구석에 할머니 한 분이 웅크리고 앉아 계신데 얼굴 형체가 없는 것이다. 눈은 보이지 않고 코도 입도 다 녹아서 얼굴은 찌그러져 있는 것이었다. 게다가 손과 발, 사지가 다 없는 것이었다. 그리고 조금 있으니 남편 성도님이 들어오시는데 벽을 붙잡고 들어오시는 것이었다. 남편 분도 눈이 보이지 않지만 다행히 거동이 되시는 맹인 나병 환우 부부이셨다. 처음에는 놀랐지만 진정을 하고 화장실과 온 방을 깨끗하게 정리하고 치워드렸다. 청소가 다 마치자 할머니께서 우리보고 다 앉으라고 하셨다. 그리고 남편 성도가 하모니카로 찬송가를 불러주시는 것이었다. 나병 환우들 중에 손이 다 녹은 분들이 연주할 수 있는 유일한 악기가 바로 하모니카였다. 그리고 할머니께서 성경을 암송해 주시는 것이었다. 소록도는 성경을 통째로 외우시는 분들이 많다고 한다. 우리에게 복음서의 몇 장을 암송해 주셨다. 그리고 마지막으로 우리가 떠나려고 할 때 그 할머니(김용덕, 92세로 소천)께서 한 말씀을 하셨다.

"너희들 돌아가면 신앙생활 잘해야 한다."

그때 심장이 멎는 것 같았다. 평생을 맹인으로 사지 없이 기어 다니시며 일제의 압박과 핍박, 그 암흑과 고난 속에 사셨는데, 우리가 할머니를 위로하고 도전하는 것이 아니라 도리어 할머니께서 우리를 일깨우시고 도전하셨다. 그 캠프에 정말 변화와 상관없는 완고한

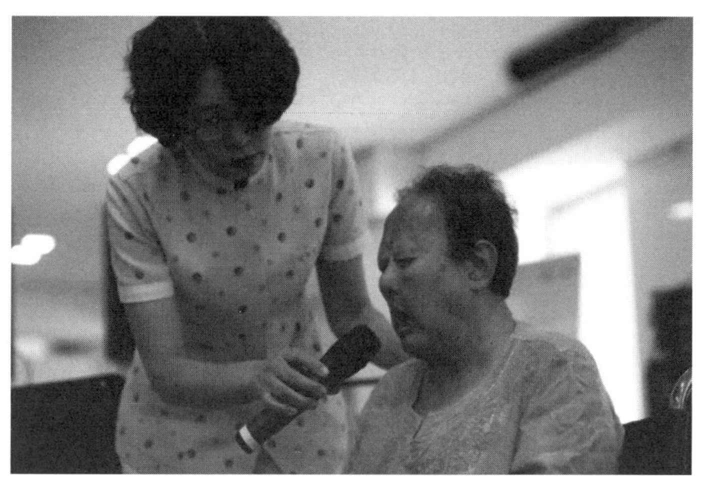

(김용덕 성도님의 생전 모습, 출처 씨제이 문화재단)

여자 친구가 있었다. 부모님이 나중에 장로님, 권사님이 되셨는데 어떤 수련회와 캠프, 그 어떤 탁월한 강사도 변화시키지 못하는 철벽의 여자아이였다. 그런데 그 할머니의 한마디에 이 친구가 움찔하며 어찌할 바를 모르는 것이었다. 그리고 수련회를 마치고 배를 타고 소록도를 떠나는 순간부터 이 아이가 울기 시작하더니 차를 타고 교회에 도착할 때까지 계속해서 우는 것이었다. 그리고 그 친구가 할머님의 말씀대로 정말 변화되어 신실하고 아름답게 믿음 생활하는 멋진 친구가 되었다.

그분들은 고통과 고난(일제의 탄압과 질병의 아픔, 6.25전쟁, 모든 인간관계의 단절) 가운데 오로지 주님 한 분을 바라보며 믿음으로 사셨고 삶으로 설교하는 분이셨다. 미사여구나 화려한 언변이 아니다. 그래서 그분들의 말 한마디가 영향력 있고 사람을 변화시키는 힘이 되는 것이다. 어떤 강사도 변화시키지 못한 그 아이를 한 줄의 말씀으로 변화시키고 결단하게 하셨으니……. 故 김용덕 할머니가 저자의 생애에 경험했던 모든 캠프(수련회)를 통틀어 가장 탁월한 강사가 아닐까 싶다.

소록도에는 성도들이 자기 관을 만들어 놓고 한 번씩 그 관에 들어가서 주무시는 분이 계신다고 한다. 일반 성도는 도저히 이해되지 않는 모습이 아닌가? 그런데 오랜 시간 소록도 캠프(수련회)를 진행하면서 어느 순간 그것이 무엇을 의미하는지 알게 되었다. 그 관에 들어가 죽는 날, 그리고 다시 눈 뜨는 날, 그렇게 보고 싶었던 예수님을 만나 뵙는 것이다. 암흑이 아니라 기어 다니는 것이 아니라 새로운 피조물로 뛰고 걸으며 선명하게 주님을 보며 찬양할 날을 학수고대하기 때문이 아닐까?

소록도 캠프(수련회)를 하면서 또 기억에 남는 곳은 감금실[18]이다. 감금실(감옥)은 일제 강점기 시절, 자기들 마음에 들지 않는 나병 환자들을 가두고 벌주는 곳이었다. 부당한 처우와 박해에 항거하던 환자들이 무수히 이곳에서 사망하거나 불구가 되었고, 출감시에는 예외 없이 정관 절제를 당했던, 역사적으로 너무나 가슴 아픈 곳이다. 나병에 걸린 것으로도 고통스러운데 그곳에서 감옥(감금실)에 투옥되어 얼마나 한 맺힌 삶을 살아가겠는가? 그런데 그 곳에 일제강점기에 실제로 투옥되었던 김정균이라는 성도님이 감옥 벽에 적어 놓았던 시가 복원되어 있다. 내용은 다음과 같다.

18 등록문화재 67호 '감금실'은 1935년에 지어진 H자형 평면의 박공형 지붕을 얹은 붉은 벽돌조 단층 건축물로서, 형무소와 유사한 구조로 된 일제강점기 때 소록도 갱생원에 수용된 한센병 환자를 격리 · 감금하던 곳이다. 일제 하에 환자들이 부당하게 구금 · 감시처분 또는 체형 등을 받았던 흔적을 엿볼 수 있다.

감금실

-김정균-

아무 죄가 없어도 불문 곡직하고 가두어 놓고
왜 말까지 못하게 하고 어째서 밥도 안 주느냐
억울한 호소는 들을 자가 없으니
무릎을 꿇고 주께 호소하기를
주의 말씀에 따라 내가 참아야 될 줄 아옵니다.

내가 불신자였다면 이 생명 가치 없을 바에는
분노를 기어코 폭발시킬 것이오나
주로 인해 내가 참아야 될 줄 아옵니다.
이 속에서 신경통으로 무지한 고통을 당할 때
하도 괴로워서 이불껍질을 뜯어

목매달아 죽으려고 했지만
내 주의 위로하시는 은혜로
참고 살아온 것을 주께 감사하나이다.

저희들은 반성문을 쓰라고 날마다 요구받았어도
양심을 속이는 반성문을 쓸 수가 없었노라.

이 한 편의 시에 그 어떤 탁월한 설교보다 김정균 성도님의 그 고난의 시간에 함께하시고 위로하셨던 주님의 은혜와 사랑이 절절하게 느껴지고 전해지지 않는가?

〈감금실 모습〉

안타깝지만 20년 전 만나고 교제했던 성도들이 거의 다 돌아가셔서 그분들을 다시 뵐 수 없다. 하지만 저자의 평생에 소록도 캠프(수련회)는 나의 사역과 믿음을 진지하게 돌아보게 하는, 결코 잊을 수 없는 않는 소중한 자산이고 추억이다. 당신도 기회가 되면 꼭 소록도 봉사 캠프를 해 볼 것을 적극 권면한다.

3. 양화진 비전트립

양화진외국인선교묘원 비전트립도 교회사역을 하면서 10년 가까이 진행한 프로그램이다. 양화진을 모르는 분은 거의 없을 것이다. 한국에 오신 선교사님(1대~3,4대)과 그분들의 아기와 자녀들의 무덤이 있는 곳이다. 저자가 교회에 부서를 맡으면 꼭 이곳에 청소년과 청년들을 데리고 갔다. 왜냐하면 이곳은 한국의 선교역사, 기독교 역사를 생생하게 증언하고, 대한민국의 근대화의 시작을 알리는 너무나 귀하고 소중한 역사적 자산이기 때문이다.

목회자 자녀 비전트립에 경남의 농어촌 교회의 자녀들을 인솔해 양화진에 갔다. 거기서 선교사님들의 묘지를 소개하고 선교사님들이 세운 교회, 학교, 병원과 한국순교자기념관, 한국 성도가 세운 최초의 교회(소래교회)와 아시아에서 제일 큰 신학대학원, 박물관, 근대화의 유산을 찾아 서울과 경기를 방문하는 시간을 가졌다. 한 장소에서 참가자들을 가두어 놓고 강사를 모시고 하는 집회가 아니지만, 이 땅에 헌신하신 선교사님들의 발자국을 찾아다니며, 그분들이 뿌린 피와 땀이 한국 교회와 대한민국의 구석구석에서 어떻게 빛나고 열매 맺고 있는지를 실제적으로 체험하면서 우리 아이들의 얼굴과 눈빛이 변하는 것을 본다. 그래서 양화진 비전트립은 작은 교회들이 언제든 봉고 한 대면 떠날 수 있는 정말 멋진 캠프라고 생각한다.

가장 많은 세대가 안장되어 있는 양화진 언더우드가의 가족 묘역에는 4대에 걸쳐 모두 7명이 묻혀 있다. 언더우드 가문이 한국과 인연을 맺은 것은 한 세기가 넘는다. 미국 북장로교 선교사였던 언더우드 1세(1859~1916)는 1885년 아펜젤러 목사와 함께 한국에 들어왔다.

그는 1887년 한국 최초의 장로교회 새문안교회를 설립했으며, 1889년 기독교서회를 창설하고 한국 최초의 『한국어 소사전』을 발간했다. 1900년 황성기독청년회(서울 YMCA)를 조직한 언더우드는 1915년 경신학교에 대학부를 개설해, 연희전문학교(세브란스 병원의 모체인 연세대의 전신)로 발전시켰다. 4대에 걸쳐 한국에 근대적 종교, 교육, 의료, 문화를 전파한 언더우드 가문 사람들은 '한국인이 된 선교사'라는 애칭에 걸맞게 아예 이름도 한국식으로 바꿨다. 언더우드 1세가 원두우가 된 이후 2세 원한경(1890~1951), 3세 원일한(1917~2004), 4세 원한광(1943~)으로 이어졌다.

〈표8〉 방문지와 동선이 담긴 비전트립 일정표

<table>
<tr><th colspan="4">목회자 자녀 비전트립 (서울경기)</th></tr>
<tr><td></td><td>7/18(월)</td><td>7/19(화)</td><td>7/20(수)</td></tr>
<tr><td rowspan="2">오전</td><td rowspan="2">오전 출발
(함안)</td><td>서울대/연세대</td><td>짐정리</td></tr>
<tr><td>세브란스병원</td><td>에버랜드</td></tr>
<tr><td></td><td colspan="3">점심</td></tr>
<tr><td rowspan="2">오후</td><td>양화진</td><td rowspan="2">총신대
신학대학원
소래교회
한국기독교순교자
기념관
(용인)</td><td>에버랜드</td></tr>
<tr><td>국립중앙박물관</td><td rowspan="4">집으로</td></tr>
<tr><td></td><td colspan="2">저녁</td></tr>
<tr><td rowspan="2">저녁</td><td>정동제일교회/
새문안교회</td><td>광화문/
교보문고</td></tr>
<tr><td>나눔/취침</td><td>나눔/취침</td></tr>
</table>

나눔과 적용을 위한 질문

1. 연속, 통합, 종합 프로그램의 차이가 무엇인지를 구체적으로 구분해 보라.

2. 본인 교회에서 최근에 진행된 일정표를 가지고 5명의 캠프 전문가의 관점(흐름, 기승전결, 주제와 연결되는 프로그램)으로 점검해 보았을 때 어떤 부분에서 차이가 나는지 말해 보라.

3. 캠프파이어를 수련회가 끝나갈 때, 마지막 날 저녁집회 후에 배치하면 안 되는 이유는 무엇인가?

4. 캠프(수련회)에서 참가자들의 참여를 이끌어내는 데 어떤 방안을 사용하고 있는가?

5. 본인의 교회에서 특별한 캠프(수련회)를 기획하고 실행할 여건이 되는가? 그렇다면 어떤 특별한 캠프를 생각하고 있는지 말해 보라.

제 3 장

숨겨진 최고의 특별강사, 상담자

가장 좋은 프로그램? 캠프의 자리를 지켜주는 상담자!

참가자들이 캠프를 다시 참가하도록 하기 위해서는 '그곳에 가면 그 사람을 만날 수 있다'는 기대를 충족시켜 주어야 한다. 참가자들의 필요를 충족시키기 위해 늘 새롭고 좋은 프로그램을 개발한다는 것은 쉬운 일은 아니지만, 참가자들은 늘 같은 프로그램이더라도 보고 싶은 사람이 있으면 캠프를 다시 찾는다. 다시 말해, 가장 좋은 프로그램은 바로 캠프의 자리를 언제나 지키는 상담자가 아닐까?

교회 사역자들에게 다시 한 번 도전한다. 정말 캠프와 수련회를 깊이 있게 이해하고 있는 사람은 상담자의 중요성을 아는 사람이다. 강사를 포함하여 외부적으로 보이는 다양한 프로그램들이 주제의 통제를 받으며 흐름을 가지고 달려가는 이유가 무엇인가? 그것은 겉으로 드러나지 않지만 가장 중요한, 보이지 않는 프로그램인 상담자와 아이들 사이의 깊이 있고 섬세한 영적인 만남을 통해 실제적인 영혼의 변화를 이끌어내기 위해서이다.

상담자의 중요성

한국 교회가 전통적으로 실시해 온 수련회에서 주최측의 의도만을 일방적으로 전달하는 교육에 있어, 교사는 단순히 질서유지 정도의 보조역할을 담당하는 경우가 많았다.[1] 따라서 교사에게 상담자로서의 역할을 요구하지 않는 것이 보편적인 현상이었다. 또한 대부분의 캠프(수련회)에서 교사의 역할이 성경학교나 주일학교에서의 교사 역할과 별반 다를 것이 없었다. 그렇게 교사의 역할을 제한하고 있다면 그것은 캠프 자체의 본질을 제대로 알지 못한 데서 기인한다고 봐야 할 것이다.

상담은 교회의 청소년 프로그램 가운데 가장 매력적이고 효과가 있으며 가치 있는 것 중의 하나이다. 상담자는 메시지를 구체화하는 사람이다.[2] 상담은 설교나 제자훈련과는 다르다. 우선 설교는 한꺼번에 많은 사람들을 상대로 일방적으로 진리를 전하는 것인데 비하여, 상담은 대개 일대일로 만나서 대화를 주고받는 것을 원칙으로 한다. 기독교 청소년 1,100여 명의 설문조사에서도 교회교사에 대한 존경도는 7%정도였는데, 가장 원하는 교사는 자신의 고민이나 갈등을 이해하고 공감을 해 주는 분(60%)이라고 응답한 것을 보아도 청소년들에게 상담은 그들의 내면을 보여 주는(노출하는) 중요한 통로가 된다.

우리는 좋은 장소와 좋은 강사를 준비하지 못했다면 이번 캠프와 수련회는 실패할 것이라고 생각한다. 하지만 아이들의 마음에 다가설 수 있는 성숙하고 준비된 상담자가 있다면 다른 모든 것이 미비하더라도 이미 그 상담자로 인해 50%, 또는 그 이상의 성공을 이루었다고 볼 수 있다. 앞에서도 말했지만, 좋은 집회강사 못지않게 그 말씀을 잘게 쪼개어 적용하고 심어주는 상담자의 역할이 결국 캠프와 수련회의 완성도를 좌지우지하는 것이다.

---

1 김회성, 『청소년 상담사례와 성』 (서울: 죠이선교회, 1999), 200.

2 이영민, 『크리스천 캠핑 길라잡이』 (서울: 예루살렘, 1996), 31.

그래서 가장 중요한 것은 상담자가 어떤 사람이냐는 것이다. 만일 상담자가 마땅히 가져야 하는 영적 관계를 하나님과 유지하고 성령님이 그의 삶 가운데 살며 그를 지배하고 삶 가운데 관여하고 계신다면, 하나님은 상담자의 삶을 통해 입으로 표현된 것 이상으로 캠퍼(참가자)를 감동시킨다.[3] 다시 말해, 캠프에서 가장 중요한 부분이 상담자들이다. 상담자들이 얼마나 준비하고 성숙한 지도자가 되느냐에 따라 캠프의 성공과 실패가 좌우된다. 상담자(교사)는 캠프 성공의 열쇠이다.

상담자의 역할

상담자는 캠프의 중요한 핵심 가치이며 필요불가결한 요소이다. 반을 지도하는 교사가 상담자의 훈련을 받고 아이들과 24시간 같이 보내는 것은 최고의 신앙교육이 될 것이다.

캠프는 참가자들에게 초점이 맞춰지는데, 교사인 상담자의 역할은 그들 스스로 자연을 통하여 또는 프로그램을 통하여 하나님을 알고 그들의 필요를 찾도록 돕는 것이다. 그러므로 상담자는 그들의 신앙적 태도나 신체적인 필요, 그리고 정서적이고 지적인 상태까지도 파악하여 그들이 성숙한 신앙 인격으로 성장하도록 도와야 할 것이다.

캠프(수련회)의 상담활동은 시공간의 제약이 없다. 캠프에서 이루어지는 상담은 상담실과 상담시간이 별도로 정해져 있지 않다. 다시 말

---

3 Cathie Nicoll, "The Philosophy of the Counselor Centered Camp," *Year book of Christian Camping* (North Hollywood, Calif: Western Conf. and Camp Assoc., 1960), 60.

해, 캠프에서 행해지는 모든 프로그램과 시설을 상담실로 활용할 수 있고, 상담시간도 별도로 정해져 있지 않다. 프로그램과 프로그램의 사이의 시간에서도, 쉬는 시간에도, 산책을 하면서도 언제든 상담은 가능하다. 그리고 캠프의 상담활동은 비공식적 상담이다. 일상생활을 하는 가운데 자연스럽게 이루어지는 상담이므로 어색하거나 부담을 느끼지 않는다. 나아가 시야를 넓혀줄 수 있는 상담이며 전인격적인 생활 상담이다. 특별한 문제가 발생했을 경우뿐만 아니라 참가자들의 영적, 지적, 정서적, 사회적 측면을 두루 다룰 수 있다.[4]

캠프상담은 단순 대화보다는 삶을 통해 이루어지는 상담의 특징을 가지고 있다. 참가자를 위한 상담자의 배려와 섬김을 통해 그 관계 속에서 이미 상담은 이루어지고 있는 것이다. 또한 캠프상담은 다양한 상담 방법(자연, 프로그램, 상호관계)을 동원할 수 있다는 것도 또 하나의 장점이 된다.

상담자와 참가자의 비율은 1대 10을 넘어서는 안 된다. 이상적인 것은 1명의 상담자에 참가자 5~7명이다. 상담은 짧은 시간에 이루어질 수도 있겠지만, 문제가 크고 오래 누적된 것일수록 지속적으로 긴 시간이 필요하다. 다시 말해, 너무 많은 조원을 1명의 상담자가 돌보는 것은 불가능하고 상담 시간의 제약을 가질 수밖에 없다. 상담이 목적이 아닌 관리형 교사는 10명을 넘어가도 관리에 크게 지장이 없지만, 상담은 참가자를 일대일로 모두 깊이 있게 만나야 하기 때문에 인원의 제한을 반드시 두어야 한다.

특히 구원상담이나 상처에 대한 상담은 하나님이 성령님을 통해 역사하시고 치유하시는 기회를 기다려야 한다. 그러므로 참가자가

---

4 조용하 편, 『청소년 교육의 동향』 (서울: 교육과학사, 1990), 95.

예상치 않았던 문제를 갑자기 꺼내더라도 놀라거나 당황하지 말고, 신중히 듣고 함께 해결하고자 노력하는 것이 중요하다. 물론 이전에 충분히 공감해 주는 시간이 필요하며, 상담 중인 참가자를 하나님 앞에서 한 인격으로 신뢰하는 자세도 요구된다. 그럴 때 참가자 스스로 결론에 도달할 수 있는 지혜가 생기며, 하나님이 그와 직접적인 관계에서 그를 키워 가시는 계기가 된다.

1. 참가자들에 대한 책임과 친밀감 형성하는 법[5]

참가자들에 대한 책임

① 빨리 이름을 외운다. 상담자로서 자신을 그들에게 소개하고 그들을 환영하라. 처음부터 친밀감과 열정을 나타내는 것이 중요하다.

② 상담자에게 배정된 아이들에 대한 영적 책임감을 지닌다. 그들이 캠프를 즐기고 캠프 활동에 참여하도록 배려하라. 모든 활동에 그들이 참여하도록 하고 모든 활동마다 그들에게 열정을 보여준다면, 그들은 캠프에서 좋은 시간을 보내게 될 것이다.

③ 규율

- 참가자들이 모든 모임과 활동에 참여하도록 배려한다. 모든 참가자가 참석하고 있는지 빨리 점검하여 내가 맡은 아이가 없다면 찾아서 참여하도록 하라.
- 숙소에 소등 지침을 마련한다. 소등해야 할 시간에는 조용해야 하며, 참가자들이 잠자리에 들고 또한 소등을 꼭 하도록 해야 한다. 소등하

5 챕 클락, 『캠프 수련회와 리트릿 핸드북』, 224-225.

지 않은 다른 숙소에 영향을 줄 것이다. 아이들은 꼭 휴식할 필요가 있다는 것을 잊지 말아야 한다.

- ■규율에 대해서는 초반부터 적극성과 일관성을 유지한다. 그래야 참가자의 존경을 받을 수 있다.

④ 밤에 하는 토론 시간에 참가자들을 인도할 책임이 있다.

⑤ 밤에 하는 토론 시간뿐만 아니라 주중에 그들과 함께 있을 때에도 그들이 주님께 관심을 가지도록 인도하고 애써야 한다.

⑥ 일반적인 책임

- ■항상 아이들이 어디에 있는지 알아둔다.
- ■수석 상담자, 의료진 등이 허락하지 않는 한, 아이들은 식사시간이나 모임에 빠져서는 안 된다. 캠프 전체를 경험하도록 격려하라.
- ■캠프 책임자가 허락하지 않는 한, 아이들은 캠프장을 떠나 집으로 가서는 안 된다.
- ■앞으로 있을 일정에 대해 아이들에게 미리 말하지 않는다. 매일 프로그램 총무가 알려주도록 하라. 무슨 일이 있을지 기대하는 즐거움도 매우 중요하다 .
- ■상담자에게만 알려주는 메모, 정보, 일정 등을 아이들이 보지 않도록 한다.

친밀감 형성하는 법

전통적 수련회에서 자주 보이는 지도자나 교사의 엄숙하고 권위적인 태도는 참가자들과의 친밀감을 형성하는 데 방해가 된다. 그렇다고 해서 가볍게 보이라는 말은 아니다. 상담은 캠프 상담자와 참가자가 인격적인 관계로 연결되었을 때 깊이 있게 들어갈 수 있다. 친밀감을 형성하는 원칙은 다음과 같다.

① 경청한다. 참가자 각자의 관심을 파악하고 이를 촉진하기 위해 당신이 할 수 있는 일을 하라. 당신이 진정으로 그들의 삶에 관심이 있다는 것을 보여 주는 질문을 하라.

② 참가자들과 함께 놀 수 있다. 일주일 동안 참가자들과 함께 있는 것을 즐거워하라. 참가자들과 함께 놀 수 있다는 것은 단지 말이 아니라 태도로 가장 잘 보여 줄 수 있다. 아이들과 함께 수영, 농구, 산책 등을 할 시간을 구체적으로 마련하라.

③ 참가자들의 습관을 적극적으로 수용한다. 때때로 우리 어른들이 아이들의 태도와 관심에 대해 '경멸하는' 것처럼 보이기 쉽다. 이러한 태도로 인해 그들에 대한 사역이 방해받게 된다.

④ 견실한 사랑을 보여준다. 아이들은 당신을 리더로 보려고 한다. 그들은 당신이 리더로서 행동하길 원하며 모임의 한 사람으로 행동하길 원하지 않는다. 이러한 것은 때때로 나이 어린 리더들에게 힘겨운 일이다.

⑤ 긍정적이다. 아이들과 생활할 때, 예수님의 사랑이 당신을 통하여 밝게 비취도록 하라. 그러기 위해서는 상냥한 태도를 가지는 것이 중요하다.

⑥ 자기 자신이 된다. 다른 사람을 모방하려고 하지 말라. 당신이 구세주를 소개할 때 성령께서 당신의 능력을 개별적으로 사용하시도록 순종하라. 당신 조에 있는 아이들을 사랑할 은사의 자질을 당신에게 하나님이 주셨다는 것을 확신하라.

2. 구원상담

믿지 않는 청소년들이 친구를 따라서 캠프에 올 수 있고 기존의 신자라고 할지라도 인격적으로 예수님을 만나지 못한 명목상의 신자들(문화적인 그리스도인)이 있을 수 있다. 캠프에서 여러 활동을 하면서 자기도 모르게 마음을 열게 되고 복음을 받아들이는 경우가 많다. 교사들은 설교 시간과 그룹 성경공부 시간뿐만 아니라 모든 시간이 비신자들을 회심시키는 기회라는 것을 기억해야 한다. 그래서 비신자 청소년들을 회심시킬 준비를 항상 하고 있어야 한다.

영혼을 돌보는 캠프(수련회)는 여기에 참석하는 사람들이 신자가 되도록 돕는 일이다. 신자는 다음의 핵심적인 3가지 사실을 알고 믿으며 고백하는 사람이다. 첫째, 예수 그리스도는 하나님의 아들로서 육신을 입고 이 땅에 오신 분이시다. 둘째, 예수님은 나의 죄를 대속하기 위해 나를 대신하여 십자가에서 죽으신 나의 구주이시다. 나는 예수 그리스도를 나의 구주로 믿음으로 죄 용서함을 받고, 하나님의 자녀가 된다. 셋째, 예수님은 죽음의 권세를 가지신 분으로서 나의 주가 되신다. 예수 그리스도는 나의 주님이시므로 나는 그에게 절대적으로 복종한다. 예수님은 나의 주님이시므로 나를 책임져 주신다. 따라서 나는 그분의 주권과 진리 안에서 자유하며 그분이 공급하시는 은혜 가운데 모든 일을 사랑과 능력으로 행한다.

상담자들에게 구원상담은 신성한 기회이며 특권이다. 구원상담은 영적 출산의 현장에서 영혼이 거듭나는 그 순간을 목도하는 복된 자리임이 틀림없다. 10대들이 처음으로 예수 그리스도를 받아들이겠다고 말하는 것(결단)을 돕는 것은 너무나 중요한 일이다. 궁극적으로 이러한 일은 성령님과 참가자 사이의 신성한 연합에 이르는 것이다. 유능한 상담자는 아이들이 처음으로 그리스도를 따르도록 돕는 방법을 알고 있다.

어떤 장소에서라도 우리는 선택의 자유를 존중해야 한다. 그것이 하나님을 거부하는 선택을 한다고 해도 상담자의 역할은 참가자가 그리스도께 헌신을 명확히 하도록 돕는 것이다. 참가자는 '어떻게 하면 그리스도인이 될 수 있나요?'라고 질문하기보다, 다른 내용으로 그 같은 질문을 할지도 모른다. 참가자가 그리스도인이 되려고 하는 의도가 명확해지면 그 의미가 어떤 의미인지를 뚜렷하게 설명해야 한다.

구원상담을 할 때 상담자가 주의할 점이 있다. 다음과 같은 청소년들의 신앙 특성을 이해해야 한다.

① 청소년들의 신앙은 인격적이기보다는 감각적이기 쉽다. 구원의 확신 문제를 느낌으로 이해한다.

② 그들은 감수성이 예민하여 분위기만으로도 인위적인 반응을 한다.

③ 캠프 분위기가 구원 문제에 부담을 줄 수 있다.

④ 구원과 신앙 성숙을 혼돈할 수 있다.

⑤ 삶이 흐트러질 때 구원 문제에 자신을 잃고 재영접을 시도한다.

구원상담에 있어 참가자들이 분위기나 감정에 기초하여 구원을 확인하는 것이 아니라, 진리의 말씀에 기초하여 구원상담이 이루어져야 한다.

상담자는 한번 이루어진 구원은 취소되지 않고 영원하다는 교리적 관점을 가지고 있어야 한다. 참가자의 실수와 연약함으로 참가자의 구원이 절대 흔들리지 않으며 또한 하나님과의 자녀관계도 결코 취소되지 않는다는 확신을 갖게 해야 한다. 그렇다고 그것이 마음대로 방탕하게 살아도 된다는 면죄부를 주는 것은 아니라는 점도 강조해야한다. 나아가 구원받은 자로 반드시 성화의 삶을 이루도록 노력해야 한다는 것을 주지시켜야 한다. 이 부분이 정확하게 다루어지고 상담되지 않는다면, 참가자들은 자신의 삶과 감정 상태에 따라 낙망하거나 늘 습관적으로 주님을 재영접하게 되는 오류를 범할 수 있게 된다.

예수님을 막 영접한 초신자들에게는 따뜻한 배려와 훈육이 필요하다. 첫 번째 할 일은 아마도 적대적인 환경이 될 불신가정으로 돌아가는 것을 준비시키는 것이다. 두 번째 일은 건강한 지역 교회에 출석하며 기도와 성경을 배우고 다른 그리스도인들과의 관계 속에서 성장할 수 있도록 하는 것이다. 거기에서 직면해야 할 많은 문제와 도전들이 있게 될 것이다. 상담자는 초신자가 자신을 전적으로 의존하지 않도록 해야 하며 초신자에게 새 삶과 살아갈 힘을 제공할 믿음의 유일한 원천이 결국 성령님이라는 사실을 잊지 않도록 주지시켜야 한다.

2.1. 구원상담 매뉴얼

① 상담을 위해 준비해야 할 구절

- 마태복음 4:19
- 마태복음 5:16
- 로마서 10:1

- 베드로전서 3:15

② 상담할 때 반대 의견들과 그에 대한 성경적인 답변들

- (복음을 듣지 않으려는 태도로) 지금 시간이 없다. 막 8:36
- 성경은 오류가 없는 하나님의 말씀인가? 벧후 1:21; 딤후 3:16; 사 34:16
- 천국이나 지옥 같은 것은 없을 것이다. 마 25:41
- 복음을 전혀 들어보지 못한 사람들은 어떻게 되는가? 롬 1:19-20
- 왜 많은 지식인들이 그리스도를 믿지 않는가? 고전 1:21
- 그리스도인들 중에도 위선자가 많은데 그들은 어떻게 되는가? 롬 14:12
- 사람이 자기가 할 수 있는 최선을 다한다면(착하게 살려고 노력한다면) 하나님은 그를 용납하실 것이다. 성실한 자체가 중요한 것이다. 엡 2:8-9; 딛 3:5
- 구원 얻는 길은 오직 한 길이 아니고 여러 길이 있다. 모든 종교는 궁극적으로 다 같은 구원의 길로 인도한다. 요 14:6; 행 4:12; 잠 14:12
- 그리스도를 믿으려면 포기할 것이 너무 많다. 막 8:36-37
- 언젠가는 그리스도인이 될 것이지만 지금은 싫다. 고후 6:2하; 잠 27:1
- 성경에는 내가 이해할 수 없는 것이 너무 많다. 좀 더 이해할 수 있을 때까지 기다리겠다. 요 7:7
- 예수 그리스도를 통한 구원이 너무 쉽고 가치 없게 보인다. 롬 2:4-5; 살후 1:8-9; 요 3:36
- 나는 사실 그렇게 나쁜 사람이 아니다. 롬 3:23; 잠 16:29; 21:2;

막 7:21-23

- 죽은 후에도 구원받을 수 있는 다른 기회가 있을 것이다. 히 9:27; 계 21:8
- 나는 너무 죄가 많아 구원받지 못할 것이다. 하나님은 나 같은 사람을 받아 주지 않을 것이다. 막 2:17; 눅 5:31-32; 사 1:18
- 만일 하나님이 사랑의 하나님이시고 전능하시다면 왜 세상에 악을 허락하셨고 그 악을 없애지 않으셨는가? 롬 1:28; 계 20:10
- 그리스도를 믿을 수 없다. 그리스도의 신성과 능력과 구속에 관한 일련의 사건들은 교묘히 꾸며낸 이야기이다. 요 5:39; 벧후 1:16

③ 다리예화

도입

캠프 중 구원상담을 할 때는 식사 시간이나 프로그램 중 혹은 자유 시간을 통해 자연스럽게 만남을 가지며 상담을 유도하지만, 복음의 초대 시간을 통해 초청에 응한 친구들과 상담할 때는 왜 초청에 응했는지를 질문을 통해 일단 확인한다. 그런 다음에 상담을 통해 인생의 가장 중요한 문제가 해결될 수 있는 의미 있는 시간임을 이야기하고 상담에 들어가도록 한다. 초청을 잘못 이해하고 응한 경우 스탭에게 알려 조치를 신속히 취하도록 한다.

주의사항

- 마주 앉는 것보다 옆에 앉아서
- 펜을 가지고 그리면서 구원상담을 한다.

■ 반드시 성경을 찾아보면서 한다.

■ 색칠을 해서 알아보기 쉽게.

■ 번호를 써 붙여도 된다.

실제

'하나님'을 오른쪽 상단에 적으면서 "하나님이"

종이를 접으면서 "세상을 창조하셨다."

밑줄을 긋는다.

사람을 왼쪽 상단에 적으면서 "사람도 만드셨다."

"하나님은 사람과 풍성한 삶을 누리려고 자신의 형상대로 사람을 창조하셨다. 하나님과 사람 사이는 아주 밀접하였으나

사람이 동산 중앙에 있는 나무의 실과를 먹지 말라고 하신 하나님의 말씀에 불순종하여, 하나님과 사람 사이에는 커다란 죄의 골짜기가 생기게 되었다."

종이를 펴고 아래로 줄을 긋는다.

"그래서 사람은 더 이상 하나님과 함께할 수 없게 되었다."

"모든 사람은 죄를 범한 인간이기 때문이다."

■ 롬 3:23을 찾아 같이 읽는다.

같이 읽을 때 펜으로 짚어가면서 읽는다.

■ 롬 6:23

"사람은 이제 죄의 대가로 죽음에 이르게 된다."

"그러나 죽음으로만 끝나는 것이 아니고"

■ 히 9:27에 보니 심판이 있다고 말씀하신다.

■ 심판의 광경이 계 20:12-15에 나온다.

심판장은 하나님이시고 심판의 기준은 생명책인데, 생명책에 기록된 자만이 지옥에 빠지지 않는다고 기록되어 있다. 생명책은 곧 하늘나라의 호적과 같다. 하나님의 자녀만이 하늘나라 호적에 기록되는데

■ 요 1:12에 보니 "영접하는 자 곧 그 이름을 믿는 자들에게는 하나님의 자녀가 되는 권세를 주셨으니"라고 말씀하고 계신다. 하나님은 지옥으로 갈 수밖에 없는 사람에게 구원받을 수 있는 하나의 길을 제시하셨다. 예수 그리스도를 세상에 보내신 것이다. (죄의 골짜기에 십자가를 만든다.) 그가 모든 사람의 죄를 대신해서 십자가에서 죽으심으로 천국(영생, 하나님과의 관계 회복)으로 우리를 인도하신다.

■ 예수님에 대해 롬 5:8을 찾아본다.

■ 사람들은 예수님 없는 선행, 종교, 부와 권력, 교육, 학문 등으로 영생을 소유하려 하지만, 오직 예수님만이 영생의 길이다. 요 14:6을 찾는다.

■ 요 3:16을 찾는다.

믿음은 곧 예수 그리스도를 진심으로 의지하고 당신의 마음과 삶에 모셔 들이는 것을 의미한다.

■ 계 3:20

당신은 지금 마음의 문을 열고 예수 그리스도를 믿기 원하십니까? 그러면 즉시 하나님께 다음과 같이 기도하십시오.

〈영접기도〉

하나님, 저는 죄인임을 시인합니다. 그리고 예수님께서 저를 사랑

하셔서 저의 죄를 대신 지고 십자가에 못 박혀 죽으시고 부활하신 사실을 믿고 감사드립니다. 이제 예수님을 저의 구주로 믿고 제 마음에 모십니다. 제 마음에 들어오셔서 제 삶을 다스려 주옵소서. 예수님의 이름으로 기도합니다.

■ 하나님의 자녀에 대한 하나님의 약속에 관해 요 10:28-29을 찾아보게 한다.

〈참고〉

죄에 대한 해결에 미심쩍어 하는 친구들을 위해 요일 1:9을 찾아보게 한다. 모든 죄의 해결은 오직 예수 그리스도를 통해 가능하며, 그 방법은 우리가 예수님의 이름으로 우리 죄를 자백하면 된다는 것을 알려준다.

그림을 그려 글을 쓰면서 설명합니다.

〈그림4〉 구원상담 다리예화

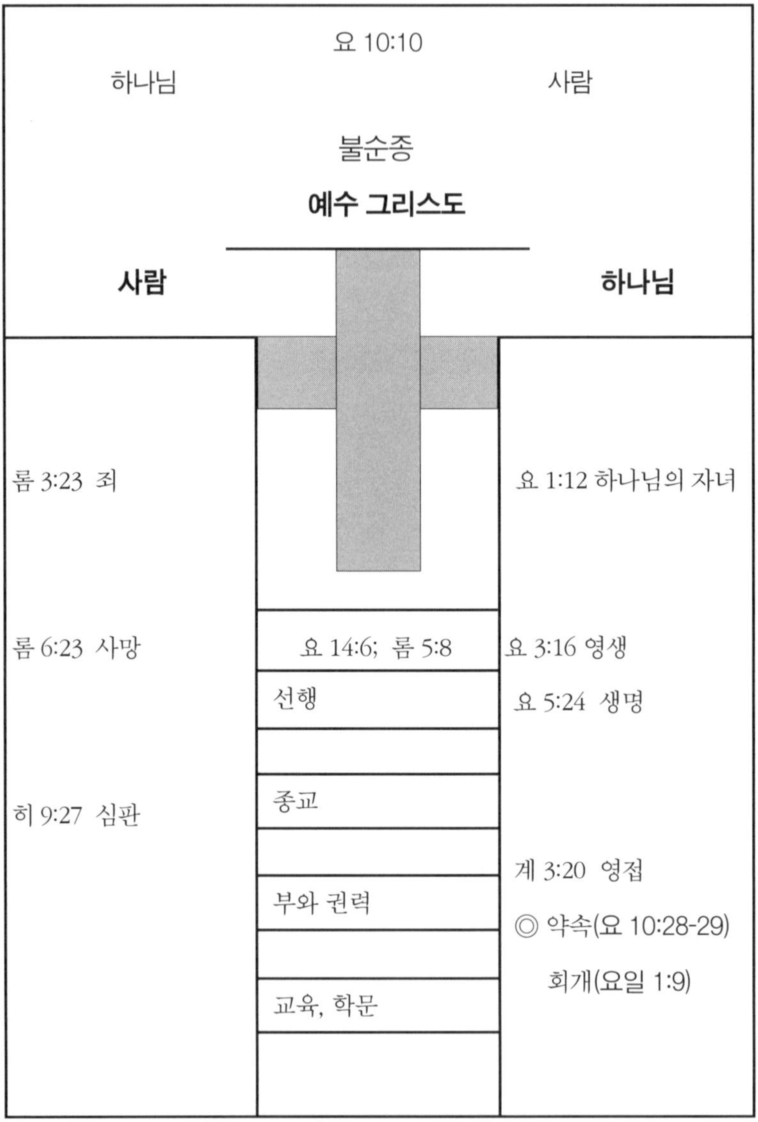

요 10:10

하나님 사람

불순종

예수 그리스도

사람 **하나님**

롬 3:23 죄

요 1:12 하나님의 자녀

롬 6:23 사망

요 14:6; 롬 5:8

요 3:16 영생

선행

요 5:24 생명

히 9:27 심판

종교

계 3:20 영접

부와 권력

◎ 약속(요 10:28-29)

회개(요일 1:9)

교육, 학문

3. 신앙/생활 상담

야외 활동에 있어서는 학생들의 활동이 자유롭기 때문에 각 개인의 특징이나 개성이 드러난다. 각종 프로그램을 통해 참가자들은 자신을 의도치 않게 노출하게 된다. 교사는 그러한 상황을 예민하게 관찰하고 지도한다면, 학생의 단점과 결점을 스스로 고칠 수 있게 만들어 줄 수 있다.

비공식적으로 상담자는 참가자들이 집으로 돌아가기 전까지 숙소에 있을 때 모든 학생들과 일대일로 메시지의 내용을 자연스럽게 토론할 기회를 찾아야 한다. 상담은 참가자들 자신에 대한 생각과 하나님과 타인과의 관계를 명확히 하는 데 도움을 준다. 상담자가 참가자와 상담하는 궁극적인 목표는 결단시키는 데서 끝나는 것이 아니라, 삶이 변화되는 데까지 이르는 것임을 알아야 한다.[6] 캠프가 끝난 후 가능하다면 2주 이내에 상담자들이 개별적으로 모든 참가자들과 만나도록 훈련할 필요가 있다.

3.1. 참가자의 기본적인 욕구

모든 참가자는 연령에 관계없이 공통적으로 다음의 기본적인 욕구[7]를 가지고 있다는 점을 상기해야 한다.

- 사랑하고, 사랑받기를 원한다.

---

6 노만 라이트 외, 『캠프가 상담을 만나』, 121.

7 전국재 외, 『야외집단활동 지도론: 조직캠프를 중심으로』, 238-239.

- 한 개인으로 인정받기를 원한다.
- 자기에게 충실하려고 한다.
- 자유롭게 질문하고 알기 원한다.
- 소속되기를 원한다.
- 죄에서 해방되기를 원한다.

위 사항의 종합적 이해를 바탕으로 캠프에 참석하는 참가자들의 행동 유형은 다양하다. 그러나 다양한 행동유형도 큰 줄기로 세분화할 때 캠프 상담자들이 두려워하지 않고 상담과 지도에 임할 수 있을 것이다.

3.2. 참가자의 행동유형에 따른 대처법

캠프에 적응하지 못하는 청소년들을 모두 '문제 청소년'으로 보는 것은 잘못이다. 참가자들이 캠프활동에 적응하지 못하는 원인은 개인별로 다양하고 복합적인 요인들이 있을 수 있지만 대체로 다음과 같다.[8]

- 캠프활동 그 자체가 너무 부담스러울 때
- 집을 처음 떠나보는 경우일 때(특히, 집단활동의 경험이 부족한 경우)
- 참가자의 에너지 조정이 힘들 정도로 지나치게 많은 양의 프로그램 활동 때문에
- 캠프활동이 참가자의 내적 만족을 충족시키지 못할 때

8 조용하 편, 『청소년 교육의 동향』, 98-100.

- 캠프 상담자의 지도형태 때문에 상담자가 일방적으로 복종시키려할 때
- 캠프 환경에 대한 적응력이 결여되어 있을 때
- 여러 가지 요인으로 인한 열등감 때문에
- 가정에서의 과잉보호 등으로 사회성 결여 때문에
- 캠프 환경의 생활여건에 적응하지 못할 때
- 정서적으로 결함이 있을 때
- 캠프 프로그램에서 너무 지나친 규제가 왕성한 혈기발산에 지장을 줄 때
- 가정과 학교에서의 생활 지도방식과 캠프에서의 지도방식이 서로 차이가 있을 때

청소년들은 신뢰하는 상담자와 상담할 기회를 만들기 위해 여러 방법으로 신호를 보낸다. 집합 시에 늦게 모인다든지, 휴식시간에 다른 곳에 있다든지, 때로는 말썽을 피울 때, 프로그램에 잘 적응하지 못하고 있을 때 등의 모습들이 교사의 관심을 끌어내어 인정받고 싶다는 표현일 수 있는 것이다.[9] 이때 그러한 마음을 이해하지 못하고 꾸중만 한다면, 교사와 상담하고 싶은 마음을 닫아버린 채 마음에 상처만 간직하는 경우도 있다. 청소년의 모든 행동에는 원인이 있다. 꼭 교사의 관심을 끌어내려는 의도가 없더라도 교사는 그런 기회를 잘 이용하면 상담할 수 있는 좋은 계기가 되기도 한다. 참가자의 행동유형에 따른 대처법을 아래에 소개한다.

---

9 김희성, 『청소년 상담사례와 성』, 10-11.

① 무절제한 참가자

소위 '말썽꾸러기' 참가자들은 캠프에서의 크고 작은 안전사고를 일으키는 장본인이다. 이러한 참가자들에게 자신의 행동에 대해 스스로 평가할 수 있도록 하고 책임이 수반되는 흥미활동을 제시해 주어야 한다. 지도자는 이러한 문제 참가자와 대화할 시간과 장소를 은밀히 알려주며 자신의 행동에 대해 생각할 시간과 자세를 갖게 해 줄 필요가 있다. 그리고 청소년들의 특성으로 미루어 웬만한 행동들은 정상적인 것으로 보고, 지나치게 강제하거나 규제하지 않도록 해야 한다.

② 소심하고 소극적인 참가자

동료 참가자들 사이에서 소외감을 갖는 참가자들은 열등감이나 새로운 생활에 대한 불안감에서 연유되는 수도 있으나, 옳고 그름에 대해 지나친 관심을 갖고 있거나 과거의 불쾌한 경험이 소심하게 만드는 경우도 있다. 또 신체적 결함 등이 요인이 되는 경우도 고려해야 한다. 이러한 참가자들에게는 단순하면서도 성공률이 높은 일을 시키거나 자신의 장점을 과시할 수 있는 기회를 제공해 주는 것이 필요하다. 굴욕감을 주는 행동이나 두려움을 억제하도록 강요하는 일이 없게 하고 비정한 동료 참가자들과 떼어 놓도록 배려해야 한다.

③ 식사 문제를 가진 참가자

식사와 관계된 문제는 주로 과식, 급히 먹는 것, 편식, 너무 적게 먹거나 아예 먹지 않는 경우 등이 있다. 이러한 현상은 주로 육체적 또는 습관상의 요인에서 그 원인을 찾아볼 수 있으나, 간혹 일종의 시위 행위로서 식사를 거부하는 경우도 있다. 식당 분위기는 형식에 치우치고 질서유지에 급급하여 참가자들의 부담을 느끼도록 해서는 안 된다. 따라서 식당 분위기는 편안하고 즐거워야 한다. 이러한 참가자에 대해 성급하게 반응하기보다는 인내를 가지고 신중히 지도해야 한다.

④ 향수병

향수병은 캠프생활에 대한 불안감, 캐빈(조별) 생활에 적응을 못할 때, 그의 동료집단에서 분리시키려는 지도자의 서툰 지도, 캠프로 떠나던 날 부모나 형제들이 지나친 관심의 표현, 생활(화장실, 식사, 숙소)의 불편, 열등감, 인정받지 못할 때 등의 이유로 나타난다. 그 대책으로는 참가자들의 잠자리와 식탁 등에 이름표를 달아주거나 자기들이 좋아하는 별명을 적은 이름표를 달게 하는 등의 방법을 많이 쓴다.

⑤ 과시

지나치게 자기 자신을 과시하는 참가자는 일반적으로 소심한 참가자의 경우와 동일한 요인을 안고 있는 경우가 많다. 그리고 자기의 실패 경험을 보완하기 위해 단점을 감추려고 장점을 과장하는 경우와, 자신감이나 자기가 필요한 인물이라는 내적 확신의 결여 때문에 오는 경우가 많다. 지도자는 이러한 행동의 결과보다는 원인을 문제 참가자로 하여금 자각하게 도와야 한다. 주로 우정과 관심을 표명하도록 애쓰고 아주 심한 경우에는 다른 캐빈(조)에 보내 저항을 받아보게 하는 것도 한 방법이 될 수 있다.

⑥ 휴대폰

담당사역자는 참가자들이 휴대폰에 집착하는 것을 어떻게 할 것인가? 고민이 되는 지점이다. 완전히 수거한다면 그 반발이 만만치 않을 것이다. 휴대폰 수거 때문에 당일에 집으로 바로 돌아가는 친구들도 있다. 청소년들에게 휴대폰은 '주님과 같은' 존재이다. 어떤 친구들은 일부러 휴대폰을 2개 들고 와서 한 개는 반납하고 한 개는 몰래 가지고 있다. 청소년 입장에서는 휴대폰과 이별하는 것은 부모님과 헤어지는 것보다 더 못할 짓이다. 그렇다고 캠프에 와서 종일토록 휴대폰에 눈을 떼지 못하고 있다면 그것도 캠프의 교육적 효과를 방해하는 일이 될 것이다. 완전히 수거하지는 않지만 중요한 집회와 프로그램에서는 참가자들의 양해를 얻고 휴대폰을 잠시 수거해 보관하고 마치고 나누어 주는 것이 필요하다. 참고로, 사역자가 완전히 수거하려면 캠프 전부터 계속적인 광고와 교육을 통해 동의를 얻어야 한다. 만약 전체 동의를 얻어 휴대폰을 완전히 수거한다면, 훨씬 깊은 은혜의 자리에 참가자들을 인도할 수 있을 것이다.

3.3. 상담시 주의사항과 유의할 점[10]

주의사항

① 상담자 자신이 준비되어 있어야 한다. 교사 자신의 신앙에 경건생활과 말씀의 지식을 갖추어야 한다.

② 언제, 어디서든지 상담할 자세를 갖추고 긴장하며, 상담의 기회를 놓치지 말아야 한다. 산책, 식사시간, 이동하는 시간 등 어떤 환경

10 김광태 외, 『크리스찬 캠프 카운셀링』 (서울: 크리스찬서적, 1988), 22-23.

에서든지 하나님이 인도하시는 대로 순종해야 한다.

③ 성급하게 서두르지 말고 준비되어 하나님이 인도하시는 대로 하되 자연스러운 분위기에서 일대일로 하며 학생을 선정할 때 다른 학생이 가급적 모르게 하라.

④ 상담 시에는 교사가 말을 많이 하지 말고, 학생이 할 수 있도록 단답형, 폐쇄형 질문을 피하며, 내담자로 하여금, 말을 할 수 있도록 촉진자 역할을 하라.

⑤ 상담 후에는 계속적으로 기도하며 보살펴 주어야 한다.

⑥ 학생들이 가능한 한 스스로 찾아올 수 있도록 해야 한다. 교사가 너무 분주하여 시간과 여유가 없는 것처럼 보이지 않도록 노력한다.

유의할 점

① 캠프가 성공할 수 있도록 자신의 능력을 전부 투자하며 개인적인 것을 포기할 줄 알아야 한다.

② 모든 일에 있어서 명확해야 한다.

③ 학생들과 희로애락(喜怒哀樂)을 같이 할 수 있도록 자신을 낮추는 겸손한 자가 되어야 한다.

④ 캠프는 교사를 위한 것이 아니고 학생들을 위한 것임을 잊지 말고, 자신의 경험과 배움만 생각하여 학생들을 망각하고 자신의 위치를 망각해서는 안 된다.

⑤ 교사가 너무 프로그램에 깊숙이 빠져 심취하면 안 된다.

⑥ 교사는 학생을 위해 있는 것이지 교사를 위해 있는 것이 아니며, 항상 학생을 위해 봉사하고 희생할 각오가 되어 있어야 한다.

⑦ 캠프의 목적을 정확히 알고 자기의 독단적 진행이나, 고집, 불

만을 품지 말아야 한다. 캠프장은 그리스도인의 생활 훈련장임을 기억해야 할 것이다.

⑧ 교사는 캠프장을 잘 파악해서 어떤 활동이든지 익숙히 진행할 수 있어야 한다.

⑨ 캠프장 안에서는 중요하지 않은 교사, 학생이 하나도 없다. 그러므로 학생에게 자신이 중요한 존재임을 인정하도록 인식시켜 주어라.

⑩ 캠프의 마지막 순간이 중요하다. 끝까지 긴장하고 참여하라.

이번 기회에 준비가 되지 않으면 다음 기회에 다시 할 수 있도록 상담에 부담을 주지 말아야 한다. 학생에게 마음을 열 수 있도록 도와주고 인내하면서 기다려야 한다. 또 이번 캠프에 상담을 하지 못했다면 다음에 참석할 수 있도록 프로그램에 즐겁게 참석하도록 해 주어라. 그러면 프로그램을 통해 준비될 것이다.

4. FOLLOW UP(사후관리)

캠프에서 주님을 영접한 청소년이 있다면 캠프가 끝난 후에 좀 더 복음을 가르쳐주고 신앙생활을 잘하도록 돌보아 주어야 한다. 그리고 캠프가 끝난 후에 어려운 환경으로 돌아가야 하는 청소년들(부모가 이혼한 가정으로 돌아가야 하는 청소년, 불량 서클로 다시 돌아가야 하는 아이, 상습 가출을 했던 청소년, 상습적 중독에 빠져 있는 청소년)은 각별히 신경을 써서 다시 옛날로 돌아가지 않도록 붙들어 주고 격려해 주어야 한다.[11] 상담자는 캠

11 김서택, 『아름다운 청소년 사역』 (서울: 예찬사, 2001), 231.

프를 마친 후에도 참가자들과 지속적으로 인간관계를 유지하는 것이 필요하다.

캠프를 마친 후에도 상담자는 참가자들의 추후지도(follow-up service)에도 관심을 가져야 한다. 캠프가 끝나도 상담자의 활동이 끝난 것은 아니다. 캠프기간 동안 상담한 아이들이 자기 교회의 아이들이라면 계속해서 관심을 가져야 하며, 캠프기간에만 만날 수 있는 아이들이라면 그들을 위해 계속 기도할 때에 캠프 때의 상담이 지속적으로 아이들을 변화시킬 수 있으며 영향력이 있는 상담으로 남을 것이다.

상담자의 선발과 훈련

지도교역자는 여름(또는 겨울) 캠프와 수련회를 염두에 둔다면, 상담자의 선발과 훈련에 적어도 6개월, 길게는 1년 전에 준비를 시작해야 한다. 사전준비는 빠르면 빠를수록 좋다.

상담자 모집은 교회 안에서 성실하게 아이들을 섬기는 교사들에게 우선적으로 이루어져야 한다. 캠프 상담자로 참석 가능여부를 묻고 선발하면 된다. 그리고 이차적으로 아이들에게 관심과 사랑이 있고 섬기기를 원하는 분들을 선발한다. 영적으로 잘 준비되고 훈련된 상담자들은 캠프에서 만나게 될 참가자들에게 큰 유익이 될 것이며 양질의 캠프로 만들어 가는 필수적인 요소가 된다.

영적으로 성숙하지 못한 상담자는 자기 자신의 문제에 사로잡혀 있어 참가자들의 문제를 도와줄 능력이 없거나 여유가 없다. 이상적인 상담자는 하나님의 능력을 의지하는 데 익숙하며 즉각적으로 영성을 발휘하여 상황에 대처하는 사람을 의미한다. 나아가 영적인 성숙과 대인관계는 불가분의 관계에 있다. 상담자는 하루 24시간 내내 '호출 대기 중'에 있다는 사실을 발견하게 된다. 대인관계의 기술에는 다른 사람을 향한 참된 관심과 또 그들과 대화를 나눌 수 있는 시간과 능력이 요구된다. 여기에는 말하는 것뿐만 아니라 듣기도 포함된다.

상담만큼 전문기술이 필요한 분야도 드물다. 특히 청소년 상담은 상담자가 상담대상을 깊이 이해하고 그 연령층의 특성들을 잘 알고 있어야 한다. 교사가 상담의 전문성을 갖기 위해 어떤 방법들을 활용할 수 있는가?[12]

첫째, 정규과정을 이수하는 것이다. 종종 대도시의 병원이나 치료센터, 그리고 청소년 전문단체에서 저녁이나 주말에 갖는 강좌에 참석하는 것은 지적인 자극을 얻으며 전문가로 성장해 가는 데 강력한 촉진제가 된다.

둘째, 상담분야에 좋은 책들을 읽는 것도 전문가로 성장하는 데 자극을 주는 좋은 방법이다. 보통은 한두 번의 강연회에 참석하거나 세미나에 참석한 후 충분하다고 생각하여 더 이상 관심을 갖지 않는 경우가 많은데, 이해력을 깊게 하고 상담기술을 개발하기 위한 계속된 관심과 노력을 기울여야 한다.

셋째, 전문단체에 가입하는 방법이 있다. 복음적인 상담기관이나 기독교 전문단체에 가입하면 가장 이상적인 환경일 수 있는데, 그렇지 못하면 일반단체(일반인을 위한 심리상담기관)에서도 많이 배울 수 있다.

---

12 김희성, 『청소년 상담사례와 성』, 220.

그럴 때 상담기술이 발전할 수 있는 것이다.

넷째, 교회가 자체적으로 심리상담, 진로지도 전문 강사를 모시고 정기적으로 강의를 듣는 것이다. 교회 선생님들이 외부 기관에 강연을 들으러 나가는 것은 때로는 많은 용기가 필요하다. 그런 접근성을 줄여주기 위해 교회로 좋은 전문 강사를 모시고 강연을 같이 듣는 것도 선생님들을 좋은 상담자로 세워가는 데 하나의 방안이 될 수 있다.

우리나라에서는 상담기술을 무시하고 그저 청소년들을 사랑하거나 이해하고 수용해 주면 된다는 식의 단순논리를 주장하는 경우가 많은데, 그것은 가장 기본적이고 필수적인 지침일 뿐이고 그보다 전문성을 요하는 경우가 너무나도 많다. 그러므로 전문성을 갖추려면, 위와 같은 방법을 통해 지속적으로 배우며 영적으로 더욱 성장해야 한다.

나눔과 적용을 위한 질문

1. 캠프(수련회)에서 조를 담당하는 선생님이 있는가? 그 선생님은 조를 단지 관리하는 분인가? 조원들을 전문적으로 상담하는 선생님인가?

2. 본인의 교회(또는 캠프)에서 선생님(상담자)들이 비신자에게 복음을 소개하고 결신시키는 <구원 매뉴얼>이 있는가?

3. 캠프(수련회)를 마치고 참가한 학생들에게 어떤 사후관리를 하고 있는가?

4. 본인의 교회에서는 상담자를 교육하는 시스템이 있는가?

5. 교회 사역자는 이 책의 상담자 챕터를, 교육부서 교사들과 캠프 상담자로 참가하는 분들에게 꼭 필독하도록 독려하라! 적잖은 도움을 받게 될 것이다.

제 4 장

삶으로 보여 주는 설교,
섬기는 리더십

리더십의 자질이 캠프의 수준을 결정짓는다

캠프와 수련회를 지휘하는 리더십(지도자)은 대부분 교육부서 담당 사역자(목사, 강도사, 전도사)가 아니면 부서의 부장이 된다. 그런데 관건은 그 리더십(지도자)들이 과연 캠프와 수련회를 기독교 교육의 목적에 맞게 연구하고 학생들에게 의미와 깨달음, 감동을 주는 영향력 있는 캠프(수련회)를 기획할 수 있는 수준에 있느냐는 것이다. 왜냐하면 대부분의 캠프를 지휘하는 지도자 자체가 캠프에 대한 기본이론(방법론)이나 목적의식(철학)이 결여되어 있고, 신학교를 다니는 동안에도 주일학교에 대한 교육(특별히 캠프와 수련회에 대한)을 심도 있게 다루는 기회를 거의 제공받지 못했기 때문이다.

여름/겨울 성경학교 강습회를 참석해도 찬양이나 율동, 공과 강의는 있어도 실제적으로 프로그램을 기획하고 운영하는(구조화하는) 방법론에 대해서 지도하는 경우를 거의 본 적이 없다. 그 이유는 한국 교회에는 캠프(수련회) 전문사역자가 많지 않기 때문이다. 신학교를 졸업하면 모두 담임목사를 꿈꾸지, 평생 캠프사역을 하겠다고 결정하고 그 길을 걸어가는 분이 한국 교회에 얼마나 되겠는가?

캠프(수련회)의 현장에는 일반적으로 전문 지도력이 절대 부족한 상태인데, 지도자의 자질은 캠프의 수준을 결정짓는 가장 핵심적 요인이다. 캠프에서 리더십의 부재는 바로 무질서와 사고로 이어진다. 캠프장의 시설 · 장비 · 관리체계 등 모든 물리적 환경이 완비되어 있고, 우수한 프로그램을 갖추고 있어도 지도력이 열악한 경우에는 이 모든 것이 무용지물이 된다. 이와 반대로 참가자에 대한 애정과 전문성을 겸비한 인간(영혼)중심의 지도자는 열악한 물리적 환경을 상당 부분 극복해 낼 수 있다.

가장 바람직한 캠프 리더십을 한 마디로 말한다면 섬김의 리더십일 것이다.[1] 예수님은 참된 지도자의 본보기이시다. 캠프에서 필요한 리더십은 참가자들로 하여금 스스로 돕게 하는 지도자이다. 먼저 자기 자신이 배우고 나서 캠퍼들이 배우도록 인도하는 사람이다.[2] 참가자(청소년)를 단지 교육의 대상으로서가 아니라 자율성과 창의성을 소유한 인격체로 인식하고 이들과 동반자의 인격적인 관계를 맺는 가운데 이들로부터 지도자로서의 권위를 인정받는 지도자, 지도력을 기꺼이 청소년들에게 이전할 수 있는 열린 마음의 지도자, 뚜렷한 소신과 철학이 있으면서 자신의 방법을 요구하기보다는 청소년들을 통해 이루어지도록 도움자의 역할을 하는 감추어진 지도자가 교회 캠프(수련회)에서 요구하는 참된 리더십의 모습일 것이다.

말이 아니라 삶이다

참가자들은 늘 교회에서 지도교역자의 설교를 무수히 듣는다. 듣기는 하지만 설교자들이 어떻게 살아가는지 전혀 모른다. 그런데 그 설교자의 삶이 어떠한지를 가까이에서 보는 유일한 시간이 캠프(수련회) 때이다. 평소에 설교자가 그렇게 말하고 외치던 것을 어떻게 실현

1 스티븐 베너블 외, 『청소년 사역자를 위한 캠프 활용법』, 김희성 역 (서울: 죠이선교회출판부, 2001), 194.

2 워너 그랜도르프 외, 『크리스천 캠핑』, 황을호 역 (서울: 예영, 1998), 194.

하며 살고 있는지가 확인되는 시간이다. 지도교역자의 입장에서는 두렵고 떨리는 자리임이 틀림없다. 캠프와 삶은 구분되지 않는다. 평소의 삶이 캠프에서 그대로 나타나고, 또 캠프의 삶은 일상의 삶으로 다시 연결되는 것이다. 말로 속일 수 있어도 삶은 속일 수 없다.

그래서 캠프 리더십에게 캠프에서의 시간은 그들이 평소에 선포했던 말씀을 얼마나 실천적으로 살아내고 있는지를 참가자들에게 보여줄 결정적 시간과 기회가 되는 것이다. 설교는 빚이다. 아무리 좋은 설교를 해도 그 설교는 사역자가 반드시 삶으로 갚아야 하는 것이다.

지도교역자는 참가자들이 존중받고 사랑받고 있다는 느낌과 마음이 들도록 캠프에서 삶으로 말하고 몸으로 섬겨야 한다. 다음의 5가지 사항이 있다. 적어도 한 가지 정도는 첫날부터 마치는 날까지 꾸준하게 참가자들을 섬겨보라. 참가자들은 안보는 것 같아도 지도교역자의 섬김과 수고를 다 알고 느끼고 있다.

1. 신발정리

캠프(수련회) 장소에서 늘 어지러운 곳이 신발장이다. 사역자들이 늘 집회 시작 전에, 그리고 집회 마치고 신발들이 가지런히 정리되어 있도록 신경 써서 살피도록 하라.

2. 청소

집회장이나 화장실, 통로, 숙소 등을 지도교역자는 돌아다니면서 떨어진 휴지를 줍고 먼지나 거미줄을 정리하라. 베개나 이불이 흐트러져 있다면 제자리에 정리해 두라. 욕실이나 화장실의 물기는 자주 닦고 정리하도록 하라.

3. 배식

식사 때 수동적으로 대접만 받지 말고 직접 배식 때 참가자들에게 반찬과 국을 나누어 주면서 섬겨라. 그리고 소형캠프에서 바비큐파티를 한다면 고기를 꼭 직접 구어 참가자들에게 대접하라.

4. 격려 - 안아주기(동성끼리만) / 어깨 두드려주기

멀리서만 바라만 보던 지도교역자가 캠프 때 가까이에서 수시로 다가와 말을 걸어주고 어깨를 두드려주고 격려하고 웃어준다면, 참가자들에게 너무나 큰 힘과 위로가 될 것이다. 캠프는 평소에 설교자와 멀어져 있는 청소년들을 근거리에서 가까이 섬길 수 있는 최고의 현장이라는 것을 잊지 말자.

5. 짧은 편지(감사카드, 격려카드, 생일축하카드) 써 주기

평소에 하지 못했던 이야기를 짧은 편지(카드)로 써서 참가자에게 전한다면, 참가자는 평생 잊지 못할 감동과 추억이 될 것이다. 멀리서만 보던 사역자가 진심을 담은 편지를 건네준다면, 수련장에서 생일을 당한 친구에게 축하편지를 직접 적어 준다면, 수련장에서만 아니라 교회에서도 성실하고 열심히 신앙생활을 해야 할 동기를 부여하게 될 것이다. 참고로, 저자는 청소년 사역 때 4,000통의 편지를 적었다. 캠프에서 써 주었던 한 통의 편지가 청소년을 변화시키고 새롭게 하는 놀라운 계기가 될 수도 있다는 것을 교회 사역자들은 꼭 기억했으면 한다. 캠프 중에 캠프 우체국을 운영하라. 담당자는 선생님도 가능하고 학생도 가능하다. 그날 편지는 그날 배달되도록 하는 것이 원칙이다.

참가자가 주최가 되어 캠프를 설계하고 운영하게 하라

청소년들은 자신이 집단 활동에 참여하는 과정에서 심리적 · 정서적으로 안정감을 느끼게 되면, 더욱 적극적으로 참여하고 학습을 하려는 특징이 있다. 이러한 환경을 조성하기 위해서는 청소년들과 지도자들 간에 정직성, 신뢰감, 존경심 등이 조성되어야만 가능하다.[3] 이 내재적 동기가 향상되고 청소년 지도자와 친밀한 유대관계가 형성되면, 참가자들은 보다 적극적으로 참여하게 된다.[4] 이 관계가 조성되고 나면 성숙한 지도자는 이제 자기의 역할을 조금씩 줄여나가야 한다.

성숙한 지도자는 자기가 직접 나서서 하고, 참가자들에게 지시하기를 즐겨하지 않는다. 지도자는 끊임없이 참가자들이 성장할 수 있도록 이들을 돕고 이들이 스스로 할 수 있는 능력보다 조금 버겁게 느껴질 만큼의 기회를 줌으로써 능동적이고 창의적으로 캠프활동을 꾸려나갈 수 있어야 한다. 따라서 시간이 가면 갈수록 지도자가 할 일은 조금씩 줄어들게 되며, 나중에는 지도자가 없이도 참가자들이 스스로 캠프를 꾸려 나갈 수 있을 때까지 자신을 감추기를 노력해야 한다. 이러한 노력을 즐거워하는 그런 지도자가 감추어진 지도자라

3 오치선 외, 『청소년 지도학』 (서울: 학지사, 1999), 178.

4 임윤택, "청소년 수련활동 프로그램 몰입을 위한 영향요인분석", 석사학위논문 (명지대 대학원, 2003), 34.

하겠다. 권한을 위임하지 못하는 사역자는 본인도 부서도 어느 선에서 더 이상 성장하기가 어렵다.

〈표9〉 감추어진 리더십

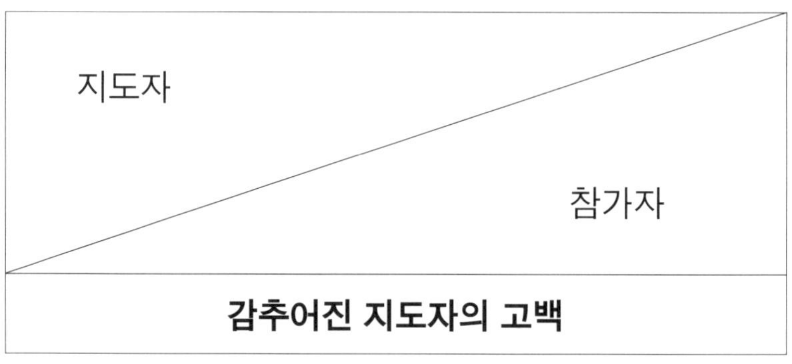

왼쪽으로 가까워질수록 지도자의 권한과 책임이 증가한다. 반면에 오른쪽으로 가까워질수록 참가자의 역할이 커진다. 오른쪽 끝은 지도자의 도움을 전혀 받지 않고 참가자에 의해 모든 활동이 이루어지는 참여자 중심의 캠프라고 하겠다. 감추어진 지도자는 청소년을 교육의 대상이 아닌 무한한 가능성을 가진 자율적이고 창의적인 인격체로 존중한다. 감추어진 지도자는 참가자들과 인격적인 동반자적 관계를 맺으면서 참가자들로부터 지도자로서의 권위를 인정받는다. 캠프 지도자는 참가자들을 독립적 인격체로 존중할 줄 아는 열린 마음의 지도자이다. 투철한 신념과 철학이 있으면서 자신의 방법을 요구하기보다는 참가자들이 스스로 자신의 방법으로 표현할 수 있도록 기다릴 줄 아는 것이 촉진자이며 도움자이다.

캠프가 잘 운영되고 있다는 가장 강력한 증거는 지도교역자가 수련장에서 별로 할 일이 없다는 것이다. 그만큼 잘 계획된 일정표와 체크리스트를 통해 완벽하게 준비되고 변수를 통제하며 진행되고 있다는 것을 반증한다. 사역자가 기본적으로 참가자들을 섬기는 것을 빼고 우왕좌왕 분주해 있다면 뭔가 문제가 있다는 것을 반증하는 것이다. 시간이 갈수록 참가자들이 주도적으로 캠프를 꾸려가고 섬길 수 있도록 권한을 위임하는 사역자가 되도록 하라. 어느 순간에 "우리가 일정표를 짜고 프로그램을 다 준비할게요! 목사님(전도사님)은 설교만 해 주세요!"라고 할 때, 이것이 참여자 중심을 넘어 참여자가 캠프를 직접 설계하고 꾸려가는 종국의 완성된 캠프가 아닐까? 그것이 가능하도록 이끈 교회 사역자는 진정한 리더십의 완성을 경험한 것이다. 담당사역자라고 하면 평생에 이런 캠프(수련회)를 한번은 경험해 봐야 하지 않을까? 아이들이 캠프를 주도하고 운영하게 하라!

캠프의 마침 = 삶의 캠프로의 시작

캠프 리더십(교회 사역자)은 캠프를 마치면서 마지막으로 빠지지 않고 참가자 모두에게 도전해야 할 것이 있다.

1. 마지막 마치는 시간(폐회예배, 나눔의 시간)에 첫날부터 마지막 날까지 흐름에 따라 지나온 프로그램을 추억하며 기억하도록 해 주어야 한다. 설명을 할 때 눈을 감기고 배경음악이나 반주를 연주하라. 그리고 캠프(수련회)의 프로그램과 일정 등이 왜 그렇게 첫날부터 마지막

날까지 운영되었는지 의미를 설명해 주고 어떻게 이번 캠프(수련회)의 주제로 연결되는지 피드백을 해 주어야 한다.

2. 마치는 시간에는 서로를 위해 수고해 주었던 찬양팀, 상담자, 설교자, 진행팀, 섬김이, 참가자가 모두 서로를 위해 격려하며 축복하는 시간을 가지도록 한다. 주님이 다 아시지만, 수고한 동역자들을 서로 알아주고 위로해 주는 것은 참가자 모두의 당연한 몫이며 캠프가 풍성해지는 시간이다. 캠프(수련회)에서 성실하게 최선을 다해 활동한 조와 참가자를 꼭 시상하는 시간을 가지라. 하나님은 상 주시는 분이시며, 시상과 함께 작은 선물은 큰 감동이 되고 다음 캠프(수련회)를 기대하게 할 것이다.

3. 개인적으로 주일학교, 청소년, 청년 캠프(수련회)이든지 상관없이 마지막 시간에 집으로 돌아가면 꼭 해야 하는 3가지 도전(과제)을 참가자들에게 제시한다. 캠프(수련회)는 주께서 정말 큰 은혜를 부어주시는 시간이다. 그만큼 마귀의 공격도 만만찮은 곳이다. 그래서 참가자들이 누리고 경험한 많은 은혜와 결단이 바로 무너지고 낭비되도록 하는 영적인 세력의 공격에서 우리 아이들을 준비시키고 방어해 주어야 한다. 돌아가는 첫날부터 무너지고 은혜를 다 쏟아버리면 안 된다. 그래서 돌아가는 첫날이 너무 너무 너무 중요하다. 아래 3가지를 지도교역자는 참가자에게 도전하도록 하라.

첫째, 집으로 돌아가 처음 만나는 사람이 누구든지 안아주고 사랑한다고 고백하라! 믿는 가정에서 온 친구도 있고 비신자의 가정에서 온 친구도 있다. 비신자 가정은 대체적으로 자기 아이가 학원에 가지 않고 교회 수련회에 갔다는 것만으로 분위기가 좋지 않은 상황이다. 심지어 집에서는 오기만을 벼르고 있는 경우도 있다. 이런 상황에서 처음 만나는 분이 누구든지 다른 말을 하지 말고 바로 꼭 안아주면서 사랑한다고 고백하라고 도전한다. 그 순간에 가족 간에 오랫동안 묵혔던 감정과 어려움이 해소되고 관계가 새로워졌다는 간증을 들은 적이 많다. 비신자의 가정이지만 웃어주고 앉아주는 자기 자식의 얼굴에 어떻게 화를 내고 침을 뱉겠는가?

둘째, 수련회에서 모아온 빨랫감을 빨래 통에 넣고 자기 방을 청소하라! 수련회를 마치면 너무나 피곤하다. 그래서 집에 도착하면 바로 쓰러져 10~20시간 자는 일이 허다하다. 그런데 믿음으로 결단한 바로 그날부터 집에서 엉망이 된 삶으로 무너지게 된다. 그래서 꼭 집에 도착하면 세탁물을 꺼내서 빨래 통에 넣고 한동안 쓰지 않던 어지러운 방을 청소하라고 도전한다.

셋째, 잠을 자기 전에 부모님의 허락을 받고 자라! 잠이 오는데 그냥 자지 말고 어머니(아버지)에게, "제가 캠프(수련회)를 다녀왔는데 세탁물을 빨래 통에 다 넣었고요, 제 방도 깨끗하게 청소를 했습니다. 그런데 너무 피곤해서 몇 시까지 자도 되겠습니까?"라고 하면, 자지마라고 하는 부모가 어디 있겠는가? 도리어 기특하게 생각하고 "우리 아이가 캠프(수련회)에 다녀와서 많이 변했네!"라고 하면서 아이가 일어날 때 특식을 대접하시지 않겠는가?

캠프와 수련회를 위해 교회에서는 1년 예산 중 가장 많은 지원을 하고, 정말 많이 기도하며 사역자와 상담자들이 물심양면으로 애쓰고 성도들이 수련장까지 따라와서 헌신적으로 섬기지 않았는가? 그 캠프(수련회)에 부어진 너무나 귀하고 복된 사랑과 은혜가 마치고 가는 날 집에서 삶의 현장에서 헛되이 부어지고 낭비된다면 결코 하나님의 뜻이 아닐 것이다. 그것은 마귀가 너무나 원하는 것이다.

그래서 리더십(지도교역자)은 캠프(수련회)를 정리하며 돌아간 그 시간부터 실패하지 않고 성공하도록 변화된 첫날의 삶을 살도록 위의 3가지 사항을 도전하는 것이 매우 중요하다는 걸 기억해야 한다. 다가오는 주일에 이 3가지를 실천했는지 꼭 점검하고 그 약속을 지킨 친구에게는 꼭 시상을 하라. 캠프(수련회)에서 '삶의 캠프'로 전환되는 첫날이 너무나 중요하다는 것은 아무리 강조해도 지나치지 않는다. 그렇게 잘 살아서 다음 캠프(수련회)에 와야 하지 않겠는가?

나눔과 적용을 위한 질문

1. 당신은 학생들에게 근엄한 사역자인가? 친근한 사역자인가?

2. 학생들을 위해 편지를 써 본 적이 있는가?

3. 캠프(수련회)를 마치고 돌아가는 참가자들이 꼭 집에서 해야 할 3가지는 무엇인가?

4. 본인의 교회에서는 참가자들이 캠프(수련회)를 기획하면서 어느 부분까지 적극적으로 함께하고 있는가?

5. 교회에서든지 캠프에서든지 학생들에게 전적으로 위임하고 있는 사역분야가 있다면?

제 5 장

우리 손에 주어진 하나님의 선물 캠프(수련회)

참가자들의 필요와 영적 관심에서 시작하라!

캠프(수련회)는 그 자체로 청소년들의 영혼을 사로잡고 변화시키는 탁월한 은혜와 능력이 있다. 하지만 교회 캠프(수련회)가 한계에 도달했다고 생각하는 것은, 캠프 그 자체의 문제가 아니라 캠프를 잘못 이해한 데서 빚어진 결과이다. 참여자로서의 참가자들의 관점과 필요에서 캠프를 만들어 가는 것이 아니라, 주최자 중심에서 일방적으로 캠프가 기획 · 운영되었기 때문이라고 볼 수 있다.

〈표10〉 변화를 결코 두려워하지 마라

수련회: 주최자 중심의 강사 위주 ----〉 캠프: 참여자 중심의 상담자 역할 강조		
프로그램	대집단 중심의 집회와 강의 위주의 충전식 프로그램	소집단 중심의 융통성과 흐름이 있는 구조화된 프로그램
지도력	지도자의 일방적 지도 답습적인 운영	섬김의 리더십 일관성 있는 운영
강사 상담자	주지주의적 가르침 관리자로서의 교사	소집단과 상담자를 통한 1:1 상담을 통한 인격적 만남

캠프는 이상적인 자연환경, 임시적 공동체, 성숙한 지도력, 열려진 생활경험을 제공한다. 비록 캠핑적인 요소가 강하다고 하더라도 그

것이 단순한 야외활동이나 놀이에 국한되는 의미가 아니라 이 환경들이 궁극적으로 신앙적인 목적을 지향하고 있다. 캠프(수련회)의 목적은 융통성이 있는 프로그램, 섬기는 지도력, 상담자와의 만남을 통해 참여자로서 캠프의 중심에 있는 참가자들이 구주이신 그리스도를 만나며 전인으로서 변화된 삶을 살아가게 하는 것이다.

이 3가지의 요소들이 캠프의 신앙적 주제 아래에 조직되고 체계화될 때, 캠프는 다원화된 시대적 실존을 살아가는 참가자(교회 청소년)들을 사로잡아 전반적으로 변화시키는 일관성 있고 영향력 있는 소중한 교회교육의 도구가 될 것이다. 그 3가지 요소를 아래에 소개한다.

1. 프로그램

1.1. 소집단 중심의 운영(집단 수용이 아닌 인격적 공동체)

인간 중심의 소집단은 일반단체의 전인 교육뿐만 아니라 교회 신앙교육에서도 필수적인 기초 환경이다. 따라서 대형집회나 대집단 중심의 운영에서 탈피하여 프로그램을 소집단으로 진행하는 분산형 프로그램 도입이 요구되며, 이러한 소집단 활동의 보장은 청소년들의 자발적이고 능동적인 참여로 캠프의 교육목적을 효과적으로 달성할 수 있다.

1.2. 프로그램의 융통성 있는 흐름(구조화와 과정의 중요성)

전통적 수련회에서 자주 볼 수 있었던 프로그램의 주먹구구식 선정과 단절된 진행은 참가자들의 프로그램에 대한 깊이 있는 참여와 몰입을 방해하고 캠프의 교육목적 성취에 항상 걸림돌로 작용해 왔다. 프로그램은 반드시 흐름을 가지고 융통성 있게 진행될 때 참가자들의 자연스러운 참여를 이끌어 낼 수 있다. 이를 위해서 프로그램의 내용을 단계별(일정표에서 개별단위 프로그램에 이르기까지)로 구조화해야 하며, 단순히 프로그램을 통해 결과를 얻는 것 이상으로 프로그램의 '과정'을 중요시해야 한다. 또한 프로그램은 반드시 참가자들이 선택할 수 있는 다양성과 그들을 몰입하게 하는 매력성을 갖추고 있어야 한다. 더 나아가 캠프의 목적은 프로그램이 아니라 사람이라는 것을 항상 잊지 말아야 한다. 이러한 측면에서 프로그램의 효과적인 진행과 운영의 묘미를 살려갈 때, 프로그램을 통해 참가자들을 영적인 세계로 인도하는 캠프의 목적을 이루게 될 것이다.

2. 리더십: 섬기는 리더십(감추어진 지도자)

기존의 수련회에서 자주 볼 수 있었던 강압적이고 권위적인 지도자, 임기응변식 진행은 변화하는 교회 청소년들에게 적절한 캠프의 지도력이라고 볼 수 없다. 참가자들은 자기의 강점뿐만 아니라 단점까지도 인정하고 배려하는 지도자를 원하고 그 지도자의 지도방향에 적극적으로 따른다. 캠프 지도자는 캠프를 진행함에 있어 전체적인 안목을 가지고 계획을 수립하고, 무엇보다 참가자들을 섬기고자 하는 열망과 사랑으로 지도력을 행사할 수 있어야 한다. 그리고 밖으로 드러나는 것보다 안으로 더욱 참가자들을 인정하는 감추어진 지도자로서 역할을 수행할 수 있어야 한다. 더 나아가 지도자가 없어도 참가자들이 스스로 캠프를 기획 · 운영할 수 있는 단계까지 가도록 만드는 지도력이 참된 지도력일 것이다.

무엇보다 중요한 것은 캠프와 프로그램을 지도하고 진행하는 지도력에서 예수 그리스도의 섬김과 사랑이 배어 있고 또 나타날 때, 교회 캠프(수련회)에 참석한 청소년들은 그러한 지도력을 통해 예수 그리스도를 간접적으로 체험할 수 있는 소중한 기회가 될 것이다.

3. 상담자: 영혼을 만지는 상담자(일대일의 만남)

상담자는 설교자의 메시지를 구체화하며 그것들을 참가자들에게 깊이 있게 나누어 주는 사람이다. 또 하나의 구체적이고 실제적인 제2의 설교자로 볼 수 있다. 또한 상담자는 참가자들과 인격적인 신뢰관계를 가지고 강사가 다가갈 수 없는 참가자들의 내면 깊은 곳까지 다가설 수 있는 사람이며, 나아가 개인적인 구원상담의 과정에서 참가자들이 그리스도인으로 거듭나는 영적인 출산의 현장에 함께할 수 있는 특권을 가진 사람이다.

상담자는 캠프의 핵심이라고 해도 과언이 아니지만, 오랫동안 그 역할과 능력을 과소평가하고 관리자로서의 역할만 부여했고, 1인 중심의 설교자(강사)에게만 그 역할들을 배정한 것이 한국 교회 캠프(수련회)의 현실이었다. 청소년들은 대집단 속에서 겉모습만으로 반응하는 경우가 많고 반응조차 하지 않는 경우도 많다. 결단하는 것 같고 은혜 받는 것 같지만, 오히려 겉으로만 자기를 위장하는 데 익숙하다. 겉도는 청소년들은 말할 것도 없는 문제이다.

하지만 청소년들은 일대일의 관계에서 그 관계가 신뢰의 관계일 때 스스로의 내면의 문제를 드러내고 진실하게 반응하기 시작한다. 이때 상담자는 개인적인 참가자들과의 만남을 통해 구원의 확신을 확인하고 그들의 삶의 전반적 문제들을 듣고 지도할 수 있다. 따라서 상담은 참가자들을 변화시키고 예수님의 제자로 만드는 결정적인 '엔터키'이다. 그런 면에서 상담자가 여전히 관리형 교사로 남아 있고 상담자로서 신실하게 훈련되어 투입되지 않는다면, 캠프가 가지는 능력은 그만큼 축소될 것이다. 반면에 모든 캠프의 자원인 예산과 프로그램, 장소가 부족하고 여의치 않는다고 해도 온전하게 준비된 상담자가 있다면, 캠프는 그러한 악조건 속에서도 적잖은 성공을 예견할 수 있을 것이다.

결론적으로 캠프를 마치는 순간까지 기억해야 할 것이 있다. 외면적으로 보이는 프로그램의 융통성 있는 흐름과 적절한 지도력(리더십)의 행사는, 내면적으로 흐르는 상담자와 참가자들의 만남을 통해 참가자들의 전인적 변화로 이어지게 하는 근본적인 목적을 위한 이차적 도구로서 작용한다는 것이다. 물 위를 다니는 오리가 편안하고 여유 있는 것처럼 보여도 물 밑에는 두 발이 쉴 새 없이 움직이고 있다. 이처럼 캠프에서 상담자와 참가자 간의 깊이 있는 영적인 만남이 되기 위해 지도력과 프로그램은 수면 아래의 오리발처럼 성실하게 운영되어야 하며, 또한 조직적이고 체계적으로 내면화되어야 한다.

알차고 감동적인 캠프(수련회)가 되기 위해서는 교회 지도자와 지도력은 다시 한 번 참여자로서의 참가자들의 입장과 상담자 역할의 중요성을 인식하고 캠프를 기획해야 할 필요가 있다. 캠프는 단면만 있는 것이 아니라 복합적 요소가 있다는 사실을 인식하고 그 요소들을 적절하게 구조화하는 통합적 능력을 지도교역자(리더십)가 배양해야 한다. 그렇게 할 때 캠프(수련회)는 일회용 행사에 그치지 않고 혼란스러운 시대적 실존을 살아가는 참가자(청소년)들의 영혼을 품고 그들을 지속적으로 변화시키는, 효과적이고 매력적인 섬김의 교육도구로 자리 잡을 수 있을 것이다.

나눔과 적용을 위한 질문

1. 이 책을 읽기 전과 읽고 나서 캠프(수련회)에 대해 바뀐 생각과 관점이 있다면 무엇인가?

2. 이 책을 다른 사역자에게도 권하고 싶은가? 그렇다면 그 이유는 무엇인가?

3. 새롭고 창의적인 교회 캠프를 시도하고자 할 때 나를 도와줄 분들은 누구인가? 혹시 나를 반대할 분들은 누구인가? 반대할 분들에게 이 책을 선물하고 읽게 해 주는 것이 좋은 방안이 되지 않을까?

부록 : 설문조사 샘플

캠프(수련회) 설문조사

조 ______ 이름 ______

* 익명으로 해도 됩니다.

1. 캠프 강당과 숙소는 어떠했는가?

① 너무 좋다 ② 좋다 ③ 보통이다 ④ 안 좋다 ⑤ 너무 안 좋다

2. 자연과 야외는 어떠했는가?

① 너무 좋다 ② 좋다 ③ 보통이다 ④ 안 좋다 ⑤ 너무 안 좋다

3. 식사와 간식은 어떠했는가?

① 너무 좋다 ② 좋다 ③ 보통이다 ④ 안 좋다 ⑤ 너무 안 좋다

4. 저녁집회와 찬양과 기도회는 어떠했는가?

① 너무 좋다 ② 좋다 ③ 보통이다 ④ 안 좋다 ⑤ 너무 안 좋다

5. 저녁집회 강사의 말씀이 잘 들리고 이해되었는가?

① 매우 그렇다 ② 그렇다 ③ 보통이다 ④ 아니다 ⑤ 매우 아님

6. 말씀에서 깨닫고 도전받게 된 부분이 있다면?

7. 야외활동(물놀이, 캠프파이어, 코스놀이, 기타)은 어떠했는가?

① 너무 좋다 ② 좋다 ③ 보통이다 ④ 안 좋다 ⑤ 너무 안 좋다

8. 우리 조는 어떠했는가?

① 너무 좋다 ② 좋다 ③ 보통이다 ④ 안 좋다 ⑤ 너무 안 좋다

9. 우리 상담자는 어떠했는가?

① 너무 좋다 ② 좋다 ③ 보통이다 ④ 안 좋다 ⑤ 너무 안 좋다

10. 상담자 선생님과 개인적으로 대화한 시간은 얼마나 되는가?

① 30분 ② 1시간 ③ 2시간 ④ 3시간 ⑤ (　)시간

11. 상담을 통하여 해결된 부분이 있다면?

12. 이번 캠프주제와 각 프로그램이 잘 연결되었는가?

① 매우 그렇다 ② 그렇다 ③ 보통이다 ④ 아니다 ⑤ 매우 아님

13. 다음 수련회에도 올 것인가?

① 그렇다 ② 아니다 ③ 고민이다

온다면 이유는?

안 온다면 이유는?

고민하는 이유는?

14. 이번 캠프에서 최고의 프로그램은?

15. 이번 캠프에서 제일 마음에 안 드는 프로그램은?

16. 교회에서 보던 사역자(목사, 전도사)와 부장(장로, 집사) 선생님이 캠프에서 어떻게 보였는가?

17. 그렇게 보인 이유는?

18. 캠프를 마치고 집과 학교로 돌아가서 꼭 하기로 결단한 삶과 각오가 있다면?

19. 위 질문 사항 외에 하고 싶은 이야기가 있다면?

참고 문헌

단행본

김광태, 정화영. 『크리스찬 캠프 카운셀링』. 서울: 크리스챤서적, 1988.

김명찬. 『교육계획과 교육프로그램: 3년 교육계획의 이론과 실제』. 서울: 세광, 1992.

김서택. 『아름다운 청소년사역』. 서울: 예찬사, 2001.

______. 『청소년 교육』. 서울: 대한예수교장로회총회, 2000.

김성수, 권일남. 『청소년 수련활동 지도론』. 서울: 서울대학교출판부, 1994.

김영숙, 김욱 외 3명. 『사회복지프로그램개발과 평가』. 서울: 교육과학사, 2002.

김종필. 『캠프, 수련회 종합 핸드북』. 서울: 교회어린이신문사, 1994.

김준식 외 4명. 『조직행동관리』. 서울: 대명, 2004.

김진화. 『평생교육 프로그램 개발론』. 서울: 교육과학사, 2003.

김진화, 정지웅. 『사회교육 프로그램의 이론과 실제』. 서울: 교육과학사, 1997.

김형태. 『청소년 세대 교육론』. 대전: 한남대학교출판부, 1998.

김회성. 『청소년 상담사례와 성』. 서울: 죠이선교회 청소년센터, 1999.

남세진, 조홍식. 『집단지도방법론』. 서울: 서울대학교출판부, 2000.

남정길, 권이종 편. 『사회교육 및 청소년 프로그램편람』. 서울: 교육과학사, 1988.

노용구, 이철원. 『여가학 연구 방법론』. 서울: 대경북스, 2003.

대한기독교교육협회 편. 『캠프사역의 이론과 실제』. 서울: 대한기독교교육협회, 1991.

문광석. 『청소년의 문제와 장래』. 서울: 대한출판공사, 1983.

박노열. 『사회교육방법론』. 서울: 형설출판사, 1988.

박천일. 『수양회 종합 핸드북』. 서울: 크리스챤비젼하우스, 1980.

사랑의 교회 교육자료실 편. 『십대를 움직이는 수련회』. 서울: 파이디온선교회, 1995.

삼성복지재단. 『10대 청소년의 생활세계』. 서울: 삼성복지재단, 1994.

손종국. 『청소년지도』. 서울: 예루살렘, 1993.

송길원, 김향숙. 『교사핸드북』. 서울: 대한예수교장로회 총회교육위원회, 1986.
신상언. 『N세대를 위한 열 가지 교육전략』. 서울: 낮은울타리, 2001.
신재성. 『성경적인 캠프란 무엇인가』. 서울: 한국어린이전도협회, 1992.
심상신 편. 『여가와 레크레이션』. 서울: 단웅미디어, 1995.
오치선 외. 『청소년 지도학』. 서울: 학지사, 1999.
윤백현 편. 『단체운영의 실제』. 서울: 홍익사, 1990.
은준관 편. 『교회교육커리큘럼』. 교회교육훈련시리즈 9. 서울: 종로서적, 1993.
이광재. 『여름성경학교 캠프자료백과』. 서울: 엘맨, 1998.
이대희. 『4차원의 영성목회』. 서울: 작은행복, 2001.
이순요, 長町三生. 『소집단활동의 이론과 실제』. 서울: 박영사, 1983.
이영민. 『크리스천 캠핑 길라잡이』. 서울: 예루살렘,1996.
______. 『여가 · 교회 · 레크리에이션』. 서울: 예루살렘, 1999.
______. 『캠프캠슐』. 서울: 예루살렘, 2000.
______. 『예수님도 캠프를 좋아하셨다』. 서울: 예루살렘, 2001.
이영민 외 3명. 『캠프파이어』. 서울: 예루살렘, 2000.
이화정, 양병찬, 변종임. 『평생교육 프로그램 개발의 실제』. 서울: 학지사, 2003.
임세빈. 『교사교육지침서』. 서울: 한국어린이선교회, 1998.
장로회신학대학교 기독교교육연구소. 『수련회: 계획에서 실제까지』. 서울: 성지출판사, 1993.
전국재. 『예수꾼의 놀이꺼리』. 서울: 홍익사, 1977.
_____. 『캠핑의 이론과 실제』. 서울: 도서출판 엠마오, 1988.
전국재, 우영숙. 『야외 집단활동 지도론: 조직캠프를 중심으로』. 서울: 예영, 1998.
전택부. 『한국기독교청년회운동사』. 서울: 정암사, 1978.
정춘석. 『수련회의 운영의 이론과 실제』. 서울: 엠마오, 1986.
정태일, 이원구. 『인간관계 교육프로그램』. 서울: 보진재, 1986.
정하성, 안승열. 『청소년 프로그램의 실제론: 사회적응 프로그램 개발』. 서울: 학문사, 2003.
조용하 편. 『청소년 교육의 동향』. 서울: 교육과학사, 1990.
조택구, 이재선, 주정호. 『레크리에이션 프로그램 가이드』. 서울: 대경북스, 2003.
청소년교육선교회. 『수련회 운영과 특별 프로그램』. 서울: 예루살렘, 1993.
청소년과 놀이문화연구소 편. 『기독교캠핑/수련회 프로그램 모음집』. 서울: 예루살렘, 1993.
최광수. 『캠프학 개론』. 서울: 청소년교육복지센타, 2004.
최병룡. 『신마케팅론』. 서울: 박영사, 1996.
한국청소년개발원 편. 『청소년 활동론』. 서울: 인간과 복지, 1994.
______. 『청소년 활동지도론』. 서울: 인간과 복지, 1994.
______. 『청소년 지도론』. 서울: 서원, 1997.
______. 『청소년 프로그램개발 및 평가론』. 서울: 교육과학사, 2005.
한국청소년연구원. 『청소년심리학』. 서울: 한국청소년연구원, 1992.
_____. 『청소년 지도론』. 서울: 한국청소년연구원, 1992.
한규호, 윤정한. 『캠프, 수련회 백과』. 서울: 베들레헴, 1992.
현유광. 『목사와 갈등』. 서울: 본문과 현장사이, 2001.
한효석, 박근미. 『열린수업 100까지』. 서울: 푸른나무, 2000.

논 문

김경옥. "성경캠프의 새로운 시도". 석사학위논문. 고신대 대학원, 1997.
김동익. "N세대를 위한 성경공부의 한 모델 연구 : 다중지능 이론에 기초하여". 석사학위논문. 장로회신학대 교육대학원, 2004.
김혜숙. "N세대의 교육에 관한 연구". 석사학위논문. 강원대 교육대학원, 2006.
김태호. "교회캠프의 문제점과 개선방향에 대한 연구". 석사학위논문. 총신대 신대원, 2002.
박광진. "목회사역에 있어서 상담의 중요성과 방법론 연구". 석사학위논문. 목원대 신대원, 2001.
박순재. "한국교회 교육의 커리큘럼 개발가능성 모색: 기독교교육-분할된 접근(CE:SA)이론을 중심으로". 석사학위논문. 총신대 대학원, 1995.
박정엽. "참여자 중심의 교회 청소년 캠프의 통합적 연구". 석사학위논문. 고신대 대학원, 2007.
우영숙. "청소년의 사회기술향상을 위한 조직캠프 프로그램의 효과". 박사학위논문. 서울여대 대학원, 1999.

이내국. "교회학교 청소년 수련회의 프로그램 구안". 석사학위논문. 전남대 교육대학원, 1995.

이정열. "관계를 통한 건강한 청소년 사역 연구". 석사학위논문. 목원대 대학원, 2002.

임윤택. "청소년 수련활동 프로그램 몰입을 위한 영향요인분석". 석사학위논문. 명지대 대학원, 2003.

전국재. "조직캠프의 전인교육적 모형연구". 박사학위논문. 연세대 대학원, 2002.

조영철. "농촌청소년의 리더쉽 유형과 청소년회 활동분석". 석사학위논문. 서울대 대학원, 1985.

최진이. "공동체 놀이를 활용한 신앙공동체 교육 프로그램 개발 연구". 석사학위논문. 총신대 교육대학원, 2004.

홍광표. "청소년 신앙공동체의 활성화에 관한 연구: 중고등부 수련회를 중심하여". 석사학위논문. 목원대 신대원, 1994.

홍승정. "일반체제이론의 교육공학적 재해석에 관한연구: 기본철학 및 주요개념을 중심으로". 석사학위논문. 한양대 대학원, 1988.

원 서

Ackoff, Russell L. "Toward A Systems Concepts," *Management Science*, July 1971.

American Camping Association. *Camping Is Education*. Martinsville, Ind: ACA, 1960.

Cagle, Bob. *Youth Ministry Camping*. Colorado: Group Books, 1989.

Dimock, Hedley S. *Administration of the Modern Camp*. New York: Asociation Press, 1948.

Fitz-Gibbon, C. T. & Morris, L. L. *How to Design a Program Evaluation*. SAGF Publication, 1978.

Ford, Phyllis M. *Principles and Practices of Outdoor/Environmental Education*. New York: Jonhn Wiley & Son, 1981.

Johnson, Richard A., Fremont, E Kast. & James, E Rosenzweig. *The Theory and Management of Systems*. McGraw-Hill Book Co., 1973.

Mackay, Joy. *Creative Counseling for Christian Camps.* Wheaton Ill.: Scripture Press, 1966.

______. *Creative Camping*. Wheaton: Victor Books, 1978.

Nicoll, Cathie. "The Philosophy of the Counselor Centered Camp," *Year book of Christian Camping*. North Hollywood, Calif: Western Conf. and Camp Assoc., 1960.

Rogers, Carl. *Encounter Group*. New York: Harper & Row Publisher, 1970.

Rubin, Robert. *The Book of Camping*. New York: Assciation Press, 1949.

Slater, Tom. *The New Camping Book*. Sydney & Wellington: Scripture Union, 1990.

Todd, Ford & Pauline. *Camping for Christian Youth*. Michigan: Baker Book House, 1980.

Trecker, Harleigh B. *Social Group Work-Principles and Practice*. New York: Assocition Press, 1972.

번역서

Boone, Edgar J. 『사회교육 프로그램 개발론』. 권두승, 김미숙 역. 서울: 교육과학사, 1997.

Chang, Richard Y. 『업무 프로세스 혁신』. 이상욱 외 3명 역. 서울: 21세기북스, 1997.

Clark, Chap. 『캠프 수련회와 리트릿 핸드북』. 오성표 역. 서울: 죠이선교회출판부, 2000.

Collins, Gary R. 『기독교상담의 성경적 기초』. 안보헌 역. 서울: 생명의말씀사, 1996.

Cully, Iris V. 『커리큘럼의 계획과 선택』. 고용수 역. 서울: 한국장로교출판사, 1993.

Davenport, Thomas H. 『프로세스 이노베이션』. 송경근 역. 서울: 21세기북스,

1994.
Graendorf, Werner C. & Mattson, Lloyd D. 『크리스천 캠핑』. 황을호 역. 서울: 예영,1998.
Hersey, Paul. 『상황을 이끄는 리더가 성공한다』. 이영운 역. 서울: 횃불, 2000.
Pree, Max De. 『리더십은 예술이다』. 윤종석 역. 서울: 한세, 1997.
Roadcup David 편. 『청소년 목회방법론』. 김국환 역. 서울: 성광문화사, 1994.
Towns, Elmer. 『팀 지도력』. 최예자, 황석호 역. 서울: 도서출판 프리셉트, 1996.
Venable, Stephen. & Joy Donald. 『청소년 사역자를 위한 캠프 활용법』. 김회성 역. 서울: 죠이선교회출판부, 2001.
Wright H. Norman. & Anthony Michael J. 『캠프가 상담을 만나』. 최광수 역. 서울: 죠이선교회, 1999.
Zuck, Roy B. & Benson, Warren S. ed. 『교회청소년 교육의 이론과 실제』. 천정웅 역. 서울: 말씀의집, 1987.

학술서·간행물

강정훈. "성경학교 궤도 수정되어야 한다", 『교사의 벗』. 7호, 1992.
고용수. "청소년을 위한 신학교육", 『교육교회』. 통권 90.3, 1983.
김성수. "미래사회의 청소년 여가선용을 위한 수련활동 실천 방향", 『국제 청소년 박람회 학술 발표회』. 서울: 한겨레신문사, 1997.
김태원. "교육현장 개혁을 위한 교육방법론 고찰", 『기독교사상』. 제45권 11월호, 1993.
김회성. "캠프상담자 훈련과 계획", 『캠프지도자 세미나』. 주최: 한국기독교캠핑협의회, 1994.
박노윤. "조직문화유형별 환경, 리더쉽 스타일, 보상시스템의 특성에 관한 연구", 『경영 연구』. 제31권 제1호, 1997.
배영직. "청소년 지도자 리더십 유형 분석연구", 『청소년복지연구』. 제6권 제2호. 서울, 2004.
전국재. "이제는 캠프 시대다", 『교회와 신학』. 봄호. 서울: 장로회신학대학, 2005.
신원하. "윤리와 신앙의 그 절묘한 관계", 『목회와 신학』. 4월호. 서울: 두란노서원,

2005.
정요섭. "변화를 풍성하게 하는 프로그램을 기획하자", 『교육교회』. 7월호, 2002.
조광제. "체제이론의 기본개념정립", 『교육학 연구』. 25호 1권. 한국교육학회, 1987.
조용하. "교육캠프활동에 관한 서설적 연구", 『학생연구』. 제27집 2호. 동아대학생활연구소, 1999.
______. "캠프의 과제와 발전방향", 『사회교육연구』. 제14권. 서울: 한국사회교육협회, 1989.
최윤. "캠프란 무엇인가?", 『크리스천 캠핑 투데이』. 한국기독교캠핑연구소, 제1호. 서울: 생명의 말씀사, 1998.
현유광. "2005년 교육계획에서 고려해야 할 것", 『교회와 교육』. 겨울, 2004.
홍철화. "캠프냐 수련회냐", 『기독교교육』. 6월호, 1985.

감동적인 수련회로 업그레이드!

초판 1쇄 발행 2024년 1월 23일

지은이 박정엽
펴낸이 민상기
편집장 이숙희
펴낸곳 도서출판 드림북
인쇄소 예림인쇄 **제책** 예림바운딩
총판 하늘유통

·**등록번호** 제 65 호 **등록일자** 2002. 11. 25.
·경기도 양주시 광적면 부흥로 847 경기벤처센터 220호
·Tel (031)829-7722, Fax(031)829-7723